城市地铁横通道交叉空间结构施工变形特征与控制技术

武 科 杨 涛 李国栋 杨洪娜 著

中国建筑工业出版社

图书在版编目(CIP)数据

城市地铁横通道交叉空间结构施工变形特征与控制技术/武科等著．—北京:中国建筑工业出版社，2021.3
ISBN 978-7-112-26230-4

Ⅰ.①城… Ⅱ.①武… Ⅲ.①地下铁道-铁路工程-工程施工-变形-控制-研究 Ⅳ.①U231

中国版本图书馆CIP数据核字(2021)第111737号

本书针对地铁隧道横通道交叉空间结构的施工力学机理开展系统的研究工作,并与现场试验数据相结合,提出主隧道和横通道施工地表沉降预测公式用以计算地铁横通道施工引起的地表沉降,探讨地铁横通道交叉空间结构特性,开展地铁横通道不同施工和设计参数进行敏感性分析和优化,分析地铁横通道在爆破施工振动载荷和列车动载荷下的应力和应变特征,对城市地下空间开发过程中横通道的施工与运营的安全性提供了重要的理论依据和技术指导。本书适用于从事相关工作的专业人员或者对此领域感兴趣的相关人员。

责任编辑:万　李
策划编辑:高　悦
责任校对:张惠雯

城市地铁横通道交叉空间结构施工变形特征与控制技术

武　科　杨　涛　李国栋　杨洪娜　著
*
中国建筑工业出版社出版、发行(北京海淀三里河路9号)
各地新华书店、建筑书店经销
唐山龙达图文制作有限公司制版
北京建筑工业印刷厂印刷
*
开本:787毫米×1092毫米　1/16　印张:8½　字数:209千字
2021年10月第一版　2021年10月第一次印刷
定价:48.00元
ISBN 978-7-112-26230-4
(37143)

前　　言

伴随中国城镇化进程，城市轨道交通、隧道、地下建筑等城市地下空间大规模建设，各类地下空间事故、灾害与其发展规模同步增长。截至 2020 年 3 月，中国（不含港澳台地区）开通城市轨道交通的城市达到了 37 个，在运营线路的总里程达到了 5704.81km，预计到 2023 年城市轨道运营里程有望达到 16265km。在地下轨道交通的建设过程中，当隧道连贯长度过大时需要设置连接双线地铁隧道的横通道结构，作为施工时的临时通道和地铁运营时的逃生避险场所。横通道的修建是以施工便捷、灾害避险、人员疏散、运营避难、救援和维修管理为目的，它与主线隧道交叉部位受力特征复杂，其施工使得围岩应力应变及其变形特征再次变化并重新分布，不仅影响横通道结构本身，也可能对已经完成的隧道产生较大的影响。与此同时，在地铁的运营过程中，列车振动载荷会对横通道的应力和应变产生破坏性的影响，横通道破坏时无疑会影响地铁施工和运营过程中的安全性以及发生事故时人员的逃生和救援工作的进行。然而，地铁横通道交叉空间结构施工力学与相应的施工技术已成为城市轨道交通隧道工程中的难点；同时，目前国内外对地铁隧道横通道的开挖效应相关理论与变形控制方面的研究尚少，现有的国家技术标准规范中，并没有对地铁横通道设计、建设和运营过程中的具体技术指标进行详细的规定，现在仍是工程经验的积累阶段。

为此，本书针对地铁隧道横通道交叉空间结构的施工力学机理开展系统的研究工作，并与现场试验数据相结合，提出主隧道和横通道施工地表沉降预测公式用以计算地铁横通道施工引起的地表沉降，探讨地铁横通道交叉空间结构特性，开展地铁横通道不同施工和设计参数下的敏感性分析和优化，分析地铁横通道在爆破施工振动载荷和列车动载荷下的应力和应变特征，对城市地下空间开发过程中横通道的施工与运营的安全性提供了重要的理论依据和技术指导。

感谢李圣瑞总工和崔帅帅、张前进硕士研究生在本书试验分析与数值计算方面所做的工作。

由于作者水平所限，书中错误和不妥之处在所难免，敬请读者提出宝贵的批评意见。

目　　录

第一章 绪 论

1.1 研究意义

随着我国经济高速发展，城市建设不断发展，城市规模不断扩大，中国城镇化水平快速提高，中国常住人口城镇化率于 2018 年末已达到 59.58%，城镇人口增长 1.4 亿人，在城镇化进程中，地下空间既要满足新增城镇人口"增量"空间需求，更要适应原有城镇人口"质量"空间需求。截至 2020 年 3 月，中国开通城市轨道交通的城市达到了 37 个，在运营线路的总里程达到了 5704.81km，预计到 2023 年，城市轨道运营里程有望达到 16265km[1]。伴随中国城镇化进程，城市轨道交通、隧道、地下建筑等城市地下空间大规模建设，各类地下空间事故与灾害与其发展规模同步增长[2,3]。《地铁设计规范》GB 50157—2003 第 19.1.22 条规定：两条单线区间隧道之间，当隧道连贯长度大于 600m 时，应设横通道[4]。在地下轨道交通的建设过程中，当隧道连贯长度过大时需要设置连接双线地铁隧道的横通道结构，作为施工时的临时通道和地铁运营时的逃生避险场所。横通道的修建是以施工便捷、灾害避险、人员疏散、运营避难、救援和维修管理为目的，它与主线隧道交叉部位受力特征复杂，其施工使得围岩应力应变及其变形特征再次变化并重新分布，不仅影响横通道结构本身，也可能对已经完成的隧道产生较大的影响。与此同时，在地铁的运营过程中列车振动载荷会对横通道的应力和应变产生破坏性的影响，横通道破坏无疑会影响地铁施工和运营过程中的安全性以及发生事故时人员的逃生和救援工作的进行。然而，地铁横通道交叉空间结构施工力学与相应的施工技术已成为城市轨道交通隧道工程中的难点[5,6]。目前，国内外对地铁隧道横通道的开挖效应相关理论与变形控制方面的研究尚少，现有的国家技术标准规范中，并没有对地铁横通道设计、建设和运营过程中的具体技术指标进行详细的规定，现在仍是工程经验的积累阶段。为此，本书针对地铁隧道横通道交叉空间结构的施工力学机理开展系统的研究工作，并与现场试验数据相结合，提出主隧道和横通道施工地表沉降预测公式，用以计算地铁横通道施工引起的地表沉降，探讨地铁横通道交叉空间结构特性，开展地铁横通道不同施工和设计参数敏感性分析和优化，分析地铁横通道在爆破振动载荷和列车动载荷下的应力和应变特征，为城市地下空间开发过程中横通道的施工与运营的安全提供重要的理论依据和技术指导。

1.2 国内外研究现状分析

城市地铁横通道施工工程是地下结构施工中的近接工程，也是当前地下结构近接工程中问题最突出的。国内外学者对地铁横通道的关键设计施工技术进行了一定的研究，研究方向主要集中在以下三方面：（1）横通道施工力学机理。地铁横通道的施工将会对已完成施工的主隧道衬砌结构造成二次扰动和应力重分布，进而造成交叉空间结构围岩的应力重分布和变形。因此准确描述横通道施工过程中对既有交叉结构产生的影响已经成为地铁横通道设计和施工的前提[7-9]。（2）横通道预加固技术。交叉空间结构的建设大大增加了围岩的松动范围，同时受多次施工的影响，围岩的强度将会出现一定程度的降低，从而势必会降低既有结构和岩体结构的整体稳定性，因此预加固技术已经成为地铁横通道的变形控制方法之一[10,11]。（3）横通道爆破施工与列车振动对既有结构的影响。地铁横通道施工过程中的爆破振动和地铁运营过程中的列车振动影响横通道稳定性，对地铁的安全工作有着重要的意义。

1.2.1　横通道施工力学机理研究

横通道施工建设，将会对已经施工完成的主隧道造成二次扰动和应力重分布，进而造成交叉空间结构围岩的应力重分布和变形。因此，准确描述横通道施工过程中对既有交叉结构产生的影响，已经成为地铁横通道设计和施工的前提。目前国内外学者们对横通道施工力学机理进行了大量研究，采用的研究方法多为试验研究法、理论解析法和数值分析法。

1. 试验研究法

目前，现场试验、相似材料模型试验和离心模型试验是地铁隧道的三种试验研究方法，国内外研究者在隧道试验研究方面取得了大量成果。

首先，在现场试验研究方面：Machismo 等[12] 采用现场试验方法，建立了地铁盾构隧道管片的实际荷载模型，分析研究了盾构隧道施工中的管片力学特性。张常光等[13] 以深圳市地铁某区间隧道施工工程为背景，针对矿山法＋盾构法的复合施工法中二衬管片受力特性进行现场试验，并通过对现场监测数据的处理，分析了管片应力应变规律。

其次，在相似模型试验方面：王丽慧等[14] 基于缩尺模型试验，研究得到了区间最大风速表达式和区间断面最大风速的滞后性。江浩、李荣建等[15] 针对西安地铁隧道模型模拟中存在的问题，讨论了隧道结构模型试验相似的尺寸关系，研究了模型几何相似程度对隧道模型和隧道原型结构之间应力与弯矩结果的影响程度。

最后，在离心模型试验方面：Kamata H 等[16] 使用具有砂质地面的离心模型对典型的辅助锚固方法进行了测试，以确认其对隧道工作面的加固效果。金大龙、袁大军等[17] 通过离心模型试验方法，分析了小净距隧道群的施工对围岩的应力应变影响机理，揭示了盾构隧道多次近距离穿越施工引起既有结构的变形及受力变化机理。Nomoto 等[18] 通过使用新开发的直径为 100mm 的微型盾构隧道，进行了许多用于模拟干砂地质中盾构施工过程的离心模型试验。通过三个系列离心模型试验数据和理论分析的比较结果，证实了在离心机中模拟盾构建造过程的可靠性，并通过试验公式估算了盾构上方的地表沉降。

现场试验数据比较接近实际规律，具有相对高的可靠性，但现场试验周期比较长，需要消耗大量的人力、财力和物力。而相似材料模型试验相比于现场试验具有低成本的优势，但相似材料的研制开发则成为一个难点[19-21]。在岩土工程中，尤其是在浅埋地铁隧道工程中，自重应力往往占了岩土体初始地应力场的绝大部分，构造应力通常可以忽略，但常规小比尺模型很难实现重力缩尺模拟，进而无法对原有地应力情况进行还原，随着工程技术的发展，离心模型机可以实现对模型自重的模拟，进而可以准确地还原初始地应力场。

2. 理论解析法

当前研究地铁隧道的理论解析，主要建立在一系列的假定上，但由于实际土体具有各向异性、离散性等，导致理论解析与实际工程数据存在着一定的偏差。

S. M. Fatemi Aghda 等[22] 确定了岩石挤压对全断面硬岩隧道掘进机 TBM 造成的损害预测，分别用经验方法、半经验方法和理论分析方法对隧道开挖进行了机理分析，并且采用数值模型估算了围岩沿隧道路径生成的收敛性。Wei X J 等[23] 基于 Peck 地表沉降公式和 Attewell 地表沉降公式，研究了开挖位置的位移释放和双线隧道非同步开挖机理，通过寻找替代累积概率曲线的函数，发现新的控制函数，有利于引入参数和改进目前的地面沉降公式。施建勇等[24] 基于竖向离散半解析和横向解析的方法，分析了地铁隧道施工引起的土层变形。

3. 数值分析法

试验研究和理论分析方法都对实际施工进行了简化，是偏于理想化的方法，很难综合考虑施工中的各种复杂情况，而数值模拟则可以考虑地层多样性和开挖方法等许多因素。因此，数值模拟方法在地下横通道工程中的应用日益增加。

唐金良[25] 采用有限元软件 LS. DYNA，对地铁横通道开展了三维地震数值模拟计算，分析了不同交叉结构的最佳交叉角度和最佳主隧道净距。王天佐等[26] 利用 FLAC 3D 程序建立工程开挖的三维动态模型，研究了基于 CRD 法施工的地铁大断面横通道变形机理。张志强、何本国等[27] 采用三维有限元数值模拟软件，模拟了横通道和主隧道组成的交叉空间结构在不同交叉角度的受力特征。Alhaddad M 等[28] 采用三维有限元数值模拟软件，计算和分析了横通道施工对既有主隧道混凝土衬砌结构产生的影响。郭春霞、王开运等[29] 通过建立三维动力有限元数值计算模型，分析了隧道内汽车荷载和地铁列车荷载对隧道交叉结构的动力响应。Chuang S 等[30] 针对跨江隧道连接通道开挖的安全性问题，通过有限差分软件 FLAC 3D 对连接隧道的开挖过程进行数值模拟，来分析高水压下冻土幕的力学特性和位移场、应力场、渗流场的分布，并研究渗流-应力耦合的影响。

1.2.2 横通道预加固技术研究

关于横通道预加固技术措施，许多学者对此进行了较为系统的研究，主要集中在对预注浆加固和冻结法加固研究。

夏梦然、李卫等[31] 采用室内实验、理论分析及数值模拟的方法，对隧道进行注浆加固试验及开挖工法的优选，提出一套适用于浅埋富水砂层横通道的注浆加固工艺及开挖工法。Jasmine Lim 等[32] 描述了用于横通道开挖的水平注浆技术，同时研究了对岩石和土壤的注浆机理，以及针对汤姆森-东海岸线 C1-C2 提出了创新性变形控制解决方案。Brantberger M 等[33] 从隧道注浆的角度对理论进行了分析和发展，提出了归一化压力和归一化灌浆扩散的概念，该概念同时可以控制灌浆散布距离以及液压上浮的风险，还进行了基于现场数据的计算，以使其可视化并讨论已开发理论的潜在用途。Aggelis D G 等[34] 从时域特征、频谱内容和小波变换的结合使用揭示了预注浆加固的有效性。

Huang Z 等[35] 重点介绍了横通道施工冻结法过程中，冻结孔的钻孔、分段开口的保护、冻土幕的保温、施工监测等关键技术。Yao Z S 等[36] 通过模型试验，系统地研究了冻结隧道破坏施工过程中地层冻胀、融化沉降和地层位移变化机理。晏启祥等[37] 采用 GEO-SLOPE 软件对地铁横通道水平冻结和开挖施工过程进行了数值模拟，分析了开挖过程中的地层温度场和位移场的变化规律。Xiangdong Hu 等[38] 基于上海长江隧道双管八段交叉通道的施工工程，介绍了人工冻土法的设计理念、施工方案和风险控制措施。

1.2.3 横通道监控量测技术研究

"信息化施工"的前提是全面掌握施工过程中的地层变形和支护结构受力情况。要达到这样一个目的，必须在很大程度上依赖于施工监测，根据监测结果，调整支护参数或修改施工方案[39-42]。关于横通道监控量测技术，国内外许多学者对此进行了较为系统的研究。

仇玉良等[43] 采用信息化集成系统，结合隧道工程类比设计数据库和有限差分数值仿真技术，设计了隧道信息化集成设计系统，系统根据相关设计和地质参数，完成数值模拟分析和初步设计，最终输出隧道衬砌的应力和内力。王天佐、王常明等[44] 利用横通道开挖后的前 100d 沉降数据建立模型，预测 101～110d 的沉降值，并对比回归预测值与实际监测数据以检验其可行性。王彬[45] 通过对爆破施工振动速度和衬砌受力联合监测并进行结果分析来综合判断老隧道性能，并根据实际经验提出了相应的控爆措施。徐林海[46] 通过现场实测得到隧道开挖引起的地表沉降数据，结合数值计算结果与现场实测数据进行了对比分析。Han L 等[47] 通过使用防冻垫式土压力计，测量了作用于隧道段上的冻胀压力。Ding L Y 等[48] 结合对现场实测数据的整理分析，提出了一种基于"物联网"技术的实时安全预警系统，以防止事故发生，改善地下建筑的安全管理。Nakano M 等[49] 结合隧道近接高速公路的建设情况，分析了隧道监控数据，并将现场实测数据用于共享到监控大数据网络中。

1.2.4 地铁横通道爆破施工振动研究

随着城市地铁的大规模建设，需要建设的隧道数量逐步增多且施工条件也日趋复杂，大量的地铁通道需要建设相应的贯穿横通道，这对横通道的施工方法和安全性提出了新的要求。在地铁建设中，一般采用盾构机进行施工，但是在城市郊区等地下扰动对地上建筑影响较小的区域，仍采用钻爆法施工，所以爆破施工对地铁横通道的振动效应研究越来越受到重视[50]。目前，关于主隧道结构的爆破施工振动作用研究有很多，但关于横通道爆破施工振动的研究却很少，因此，地铁横通道爆破施工振动研究对地铁工程的发展建设具有重要意义。

20 世纪 60 年代，Seinov N P[51] 通过研究发现，岩石内部结构的裂缝和分层对地震波的传播有一定的影响，裂缝宽度越小，岩石填充物的波阻抗与介电波阻抗相差越小，地震波消耗的能量也越少。

Fourncy W I[52] 通过用塑胶作为整体模型，选用橡皮泥、油脂和双面胶代替节理来进行二维模拟试验，研究表明应力波和气体加压在岩石的破裂和破碎中都非常重要，气体加压阶段所包含的能量远大于应力波分量所包含的能量，另外，节理的强度越强，地震波的衰减越小。

Nakano K I 等[53] 分析了日本双线隧道施工爆破作用对地铁衬砌的影响，当衬砌结构的振速过大时会造成衬砌开裂和失稳破坏，通过检测试验得出了振动速度的界限值为70cm/s。

Sayers C M 等[54] 研究了弹性波速度与围岩中的裂缝之间的关系，在存在微裂纹和裂缝的情况下，弹性波的速度会降低，脆性岩石在压缩过程中的破坏先于微裂纹的形成，因此可用于监测岩石的渐进破坏。

Fortsakis P 等[55] 通过工程地质行为、岩体性质定量化和隧道响应的研究，通过数值软件模拟了分层岩体中的隧道开挖。首先，对隧道中分层岩体的工程地质行为谱进行了界定，并根据岩体结构描述了临界破坏机理；其次，将分层平面模拟为单独的单元，并将其之间的岩体部分作为各向同性进行模拟；最后，使用简单的岩石力学原理，描述了一种量化分析中所涉及的岩体性质的方法。

Saiang D 等[56] 利用有限元软件对浅埋隧道进行了模拟，通过改变爆炸引起的破坏区域的强度、刚度以及其他相关参数来研究爆炸引起的岩石损伤，根据对诱发边界应力和地面变形的研究，模拟爆破振动对岩体造成的变形与应力情况，结果显示振动作用在对土层带来影响的同时不会造成其他位置状态的改变。

Hisatake 等[57] 利用数值模拟方法对隧道的施工爆破进行研究，并分析了巷道轴线和爆破中心距等因素对最大主应力的影响，由于新建隧道靠近既有隧道，爆破引起的振动波危及既有隧道衬砌和围岩的安全和稳定。

周俊汝[58] 基于 LS-DYNA 有限元软件模拟了球状药包爆破振动主频和平均频率的衰减规律，结合了爆破振动频谱理论，研究表明，爆破振动的主频随着爆心距的增大并非严格的衰减，而是在局部出现突变或波动。

郑明新[59] 运用了现场监测和数值模拟的方法来研究施工振动对邻近隧道结构的稳定性影响，根据模拟结果研究施工的安全性。

贾磊[60] 建立爆破振动数值模型，通过定义数值软件中不同的振动载荷波形和时间研究了新建隧道振动对既有隧道的影响。

马洲[61] 在爆破公式的基础上，建立爆破振动速度衰减模型，结合实际工程，采用统计学原理，推导出了爆破振动竖直方向的振动衰减公式，结合矢量方法，揭示了质点不同方向的振动速度。

马春德[62] 基于非线性分析方法，建立了用来预测爆破振动速度幅值与频率的参量预测模型，为振动爆破的理论预测提供了一定的参考。

王淼[63] 采用数值模拟方法，分析了新建隧道的施工对既有隧道结构的影响，探讨了不同的爆破开挖方式对既有隧道衬砌结构的影响。

秦晓星[64] 运用灰色关联度的分析方法，结合实际工程进行理论分析，确定影响桩井爆破系统的因素，最后对影响桩井的振动因素进行分析，得到了最优施工条件。

杨招伟[65] 通过分析地表实测爆破振动波形，测量出爆轰波 P 波和 S 波在不同地质条件下的传播速度，基于实际工程实例对爆破振动参数进行反演，提出基于地表实测振动预测岩体动力学参数的方法，为相似工程提供了一定参考。

陈思远[66] 运用有限元数值软件对矿山露天开采施工过程进行模拟，研究了不同采矿深度、边坡面质点和坡面同一质点的爆破振动情况。

1.2.5 地铁横通道列车振动研究

列车在行驶运营过程中会受到振动载荷的作用，振动会使既有隧道结构的稳定性和安全性受到影响，当激振力过大时，隧道结构就会遭到破坏[67]。因此，为了解决列车振动荷载较大所带来的问题，国内外学者对列车振动作用造成的稳定性问题做了大量的研究，以减小因振动作用过大在地下轨道工程运营过程中造成的危及人员安全和财产损失的影响。

Takemiya H[68]在模拟列车行驶时，采用移动非简谐荷载的加载方法模拟了列车动行驶振动，并根据现场可用的监控测量数据测试了计算结果的有效性。

Thiede R 和 Natke H G[69]利用数值模拟研究了隧道衬砌结构受到列车振动作用时的动力响应，考虑了衬砌厚度和动载荷振动频率等多种因素，研究发现在反复振动的情况下，混凝土结构很容易发生破坏。

Fiala P[70]运用有限元数值方法对隧道在明挖和暗挖两种不同工况下的振动情况进行模拟，列车行驶振动会影响上部建筑物和地面的稳定性，同时列车还会对行驶轨道造成破坏性影响。

Gupta S 等[71]依托北京地铁 4 号线建立有限元数值模型，研究列车振动引起的动力响应，考虑了静态激励和轨道不平顺的作用，还对北京地铁 1 号线的类似地点进行了振动测量，以证实地铁 4 号线的估计结果，最后研究了使用浮动平板轨道来控制列车振动造成的影响。

Auersch L[72]考虑了轨道不平整和不同振动频率的列车载荷对既有隧道的影响，并给出了计算频率和相应振幅值的具体方法，提出集成模型，用于计算车轨相互作用和过往列车的地面振动，并结合有限元和边界元方法来计算轨道在真实土壤上的动态柔度。

Lopes 等[73]测试了西班牙马德里地铁沿线建筑物的动力响应，建立了基于有限元方法的数值计算模型，提出了一种数值方法来预测隧道中铁路交通引起的建筑物振动，考虑到土壤和结构的相互作用，建立建筑物与地面的耦合模型，研究列车振动对隧道周围建筑物的动力响应。

Hussein M F M 等[74]通过假设表面或地层分层不影响隧道的位移响应扩展了 PiP 模型，证明了该模型具有计算速度快、可以减小内存等优点，同时该模型能够较好地反映地层的振动情况。

K. Mülle 等[75]使用有限积分变换耦合方法，在有限元和整体变换方法（FEM 和 ITM）耦合的基础上，开发了一种解决车辆-平板-轨道-隧道-土壤相互作用问题的有效方法。

Yang W 等[76]在介绍了土壤特性随深度变化（称为土壤非均质性）对地面源引起的地面传播振动的影响，使用土壤表面和内部的加速度计测量土壤的动态响应，并使用 FLAC 3D 软件进行了相应的数值模拟研究。

刘蕾[77]通过地铁隧道的物理模型试验模拟了列车行驶振动对衬砌结构的影响，研究土压力的分布情况，研究表明距离列车振动点越远土压力越小，土压力在隧道轴线处最大，两侧逐渐减小。

高广运[78]提出了一种计算列车在动载荷作用下地层蠕变的计算方法，利用求解出的动应力公式，采用叠加和积分原理提出蠕变本构模型，计算出地表的长期沉降，最后通过数值方法验证了理论的正确性。

王渭明[79] 依托青岛地铁 2 号线工程，利用数值模拟和灰色关联度的方法，对列车动载荷造成的邻近隧道的力学机理进行研究，提出了 4 种用于降低列车振动影响的方法。

姜领发[80] 通过高速铁路模型试验研究了列车动载荷的激励作用，经过激振器的反复加载得到不同列车振动频率下的车速变化，揭示了动载荷的衰减与传递规律，研究表明不同频率下的动载荷具有明显的周期性。

宁茂权[81] 运用变形理论和三轴试验研究了深厚软土地层中列车的动力响应，结合数值模拟结果表明地层沉降与隧道埋深、地质条件和加载次数有关，最后提出了减小沉降的措施。

黄希[82] 建立混凝土塑性损伤本构模型，结合现场实际测量的方法研究了列车载荷对盾构隧道的影响，其中隧道的中部区域的应力与损伤较大，其次为拱底。

陈行[83] 通过把列车拟合动载荷加载到数值模型上研究列车的动力响应，考虑的振动因素包括围岩等级和隧道距离，研究表明，上部隧道拱底的振动速度最大，下方隧道拱顶的振动加速度最大。

葛世平[84] 通过现场监测分析了上海地铁 9 号线的地表沉降，结合数值模拟研究了列车长期在列车动力荷载下的衬砌稳定性，测量显示列车荷载下衬砌长期变形符合指数形式。

吴志坚[85] 结合青藏铁路工程进行列车动载荷监测，并结合三轴试验对路基进行蠕变分析，分析出列车动载对路基产生的永久变形。

1.2.6 地铁横通道衬砌稳定性研究

目前国内外对于横通道衬砌稳定性的研究非常少，国内外的研究关注点主要集中在隧道主衬砌结构的施工力学研究，对于开挖主隧道的衬砌结构稳定性，国内外学者做了大量的研究。

Mroueh H[86] 通过数值模拟计算了隧道结构在软土地基中的力学特征。Kamata H[87]、Shin J H[88] 通过隧道模型试验，分析了超前加固结构对隧道掌子面稳定性的影响。

Scarpelli[89] 采用数值方法对无支护隧道进行分析，评估土壤中浅埋隧道的极限状态，讨论了以喷射混凝土主衬砌材料的模型对衬砌的影响。

Lee[90] 进行离心模型试验和数值模拟研究了软质黏土中的地表沉降槽、多余孔隙水压力的产生、隧道的稳定性以及在隧道施工过程中产生的拱形效应。

Lui's[91] 提出了一种基于神经模糊的混合系统，在设计和施工阶段评估隧道稳定性的替代策略，能够再现支架安装之前和之后在隧道外围引起的位移，参数基于介质的抗剪强度，在地下引起的变形水平，塑料半径和无支撑开挖的进行情况。

王淼[92] 运用测震仪监测施工爆破的振动作用，同时结合数值软件分析了爆破施工对既有隧道衬砌结构的影响，提出了衬砌保护措施。

邓祥辉[93] 采用离散元数值软件研究了隧道开挖过程的围岩稳定性，考虑了不同倾角和岩层厚度因素的影响，研究结果表明随着岩层厚度的增加，衬砌的位移和应力出现降低的趋势。

郭瑞[94] 采用非线性有限元方法模拟了大断面盾构隧道，分析了抗力系数、地层压力和管片拼装方式对衬砌结构的影响，地质条件对衬砌稳定性的影响最大，最后是衬砌的拼装方式。

程小虎[95]基于加载试验提出了破裂区的理论模型，提出隧道侧压力的表达式和土压力之间的相互作用理论，研究发现采用的理论推导方法能够较为准确的描述施工要素，提高施工的安全性。

汪波[96]采用模型试验和实际监测的方法研究了不同埋深和施工方法的隧道衬砌变形情况，结合杜家山隧道工程，研究隧道在施工载荷下的变形特征。

阳军生[97]利用有限元方法研究了隧道掌子面稳定性问题，提出了一种网格加密方式，研究了隧道埋深和内摩擦角对模拟结果的影响，根据掌子面破坏模式提出防护措施。

王道远[98]采用模型试验研究隧道掌子面的应力与应变情况，模拟隧道失稳过程，研究表明当隧道结构采用预衬砌法时，衬砌结构的收敛率降低。

胡元芳[99]采用有限元数值计算方法对小线间距双线隧道围岩稳定性进行研究，研究发现双线隧道的衬砌强度与地质条件、隧道距离和衬砌材料有关，得出小线间距城市双线隧道最小净距的参考值。

1.2.7 当前研究存在的不足之处

通过对大量文献研究发现，当前针对地铁横通道施工过程中的既有主隧道和地表的变形和受力理解以及对爆破施工振动和列车载荷引发的隧道衬砌失稳问题探讨已经取得了一定的研究成果，但仍然存在以下不足：

（1）在当前的横通道施工机理研究中，多集中在对双线主隧道施工引起的地表沉降二维预测，没有对主隧道和横通道联合施工引起的地表沉降三维预测分析。

（2）横通道夹角、主隧道净距、主隧道埋深等设计和施工因素对主隧道结构和地表的影响鲜有分析，参数敏感性还有待进一步分析和优化。

（3）当前对横通道变形控制方法的研究主要集中在冻结法施工，对横通道预注浆加固研究相对较少，明确注浆范围和注浆材料强度有待进一步研究。

（4）现有学者关于施工爆破和列车振动引发的稳定性问题研究主要针对主隧道，而关于横通道稳定性的研究却很少，在实际施工中横通道衬砌结构的稳定性也不容忽视。

（5）目前关于横通道施工引起的地表沉降研究还处于探索阶段，并没有确实有效的沉降预测理论，关于横通道施工造成的地表沉降预测还有待进一步研究。

（6）关于隧道衬砌稳定性的研究，本书综合应用多种科研手段研究了横通道在振动作用下的衬砌稳定性。

1.3 主要内容

依托哈尔滨市轨道交通2号线一期工程人民广场站～中央大街站（简称人中）区间隧道的横通道工程，综合运用现场试验、理论分析与数值计算方法，开展了城市地铁横通道交叉空间结构施工变形特征与控制技术研究。基于理论推导，提出了城市地铁主隧道和横通道施工地表沉降预测公式，并在工程中得到有效验证，能够准确预测地铁横通道施工引起的地表沉降量；采用FLAC 3D计算程序，建立了地铁横通道交叉空间结构三维力学数值计算模型，研究了地铁横通道交叉空间结构特性，探讨了地铁横通道不同施工和设计参数的敏感性分析，并进行了合理优化；通过对衬砌的薄弱位置进行数值模拟分析，研究了横通道在爆破开挖和列车振动载荷下的衬砌结构稳定性。具体的内容包括以下几方面：

（1）提出横通道施工完成后的地表沉降预测方法用以计算地铁横通道施工引起的地表沉降，最后通过地铁横通道的现场监测数据验证地表沉降三维预测公式的精确性。

（2）分别从地表沉降变形规律、主隧道位移、主隧道应力分布变化和主隧道内力变化规律等几个方面，对新建地铁横通道施工过程中的力学行为进行比较全面地分析。

（3）分别分析了横通道夹角、主隧道净距、主隧道埋深等设计和施工因素对主隧道的影响规律，提出了典型特征条件下较优的施工、设计参数与优化方案。

（4）对预注浆加固的施工机理及加固效果进行了分析，提出了有针对性的加固措施与方法。

（5）研究了施工爆破动荷载诱发的地铁横通道结构变形和应力状态的变化，考虑了施工角度、爆破方式、隧道埋深、围岩等级对横通道衬砌结构的影响。

（6）通过对横通道的衬砌应力、衬砌位移、振动速度的分析，研究列车振动载荷对地铁横通道的动力响应，分析了施工角度、列车车速、隧道埋深、围岩等级对列车轨道振动速度的影响。

（7）结合数值监测结果和数学统计学理论，推导出横通道施工造成的地表沉降预测公式，修正后的 peck 公式能够较为准确地反映横通道施工过程造成的地表沉降。

第二章 地铁横通道工程概况与设计

2.1 工程概况

哈尔滨市轨道交通 2 号线一期工程人民广场站～中央大街站区间隧道采用盾构施工方法，本区间线路纵断面为单向坡，由人民广场站至中央大街站轨面标高逐渐升高，坡度范围为 2‰～21‰，轨面标高范围为 95.731～103.119m。本区间位于松花江漫滩，场地标高为 117～118m，地下水位埋深为 2.0～4.0m。如图 2-1 所示。

图 2-1 人民广场站～中央大街站区间示意图

盾构隧道衬砌采用 300mm 厚 C55 预制钢筋混凝土管片，整环管片外径 6m，内径 5.4m；管片环宽为 1200mm；管片分块为 5＋1，其中包括 3 块标准块＋2 块邻接块＋1 块封顶块，环与环之间设 10 根 M27 的纵向弯螺栓，同一环中块与块间以 2 根 M30 的环向弯螺栓连接。管片分标准环、特殊管片环（用于联络通道开口处），盾构管片衬砌结构见图 2-2。

哈尔滨市轨道交通 2 号线一期工程人民广场站～中央大街站区间隧道共设置一座联络通道。其中联络通道处左、右线盾构隧道里程为 XK16＋408.661、SK16＋410.000，中心距为 12.421m，左、右线隧道中心标高约为＋98.864（＋98.856）m，联络通道所处位置左、右线地面标高约为＋118.09（＋118.07）m，如图 2-3 所示。联络通道由与隧道钢管片相连的喇叭口、水平通道及泵站构成，采用水平冻结法加固地层，矿山暗挖法施工以确保施工安全，施工过程中做好必要的保护措施，加强监测，以减轻对周围地面环境及地下管线的影响。

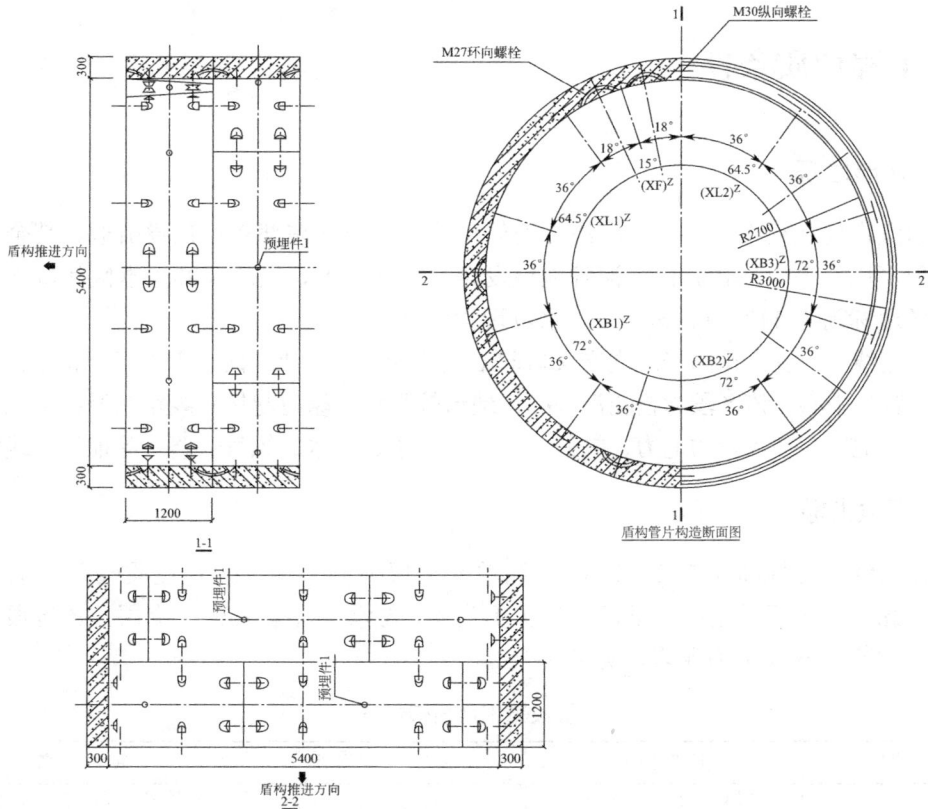

图 2-2　人民广场站~中央大街站区间隧道盾构管片衬砌结构图

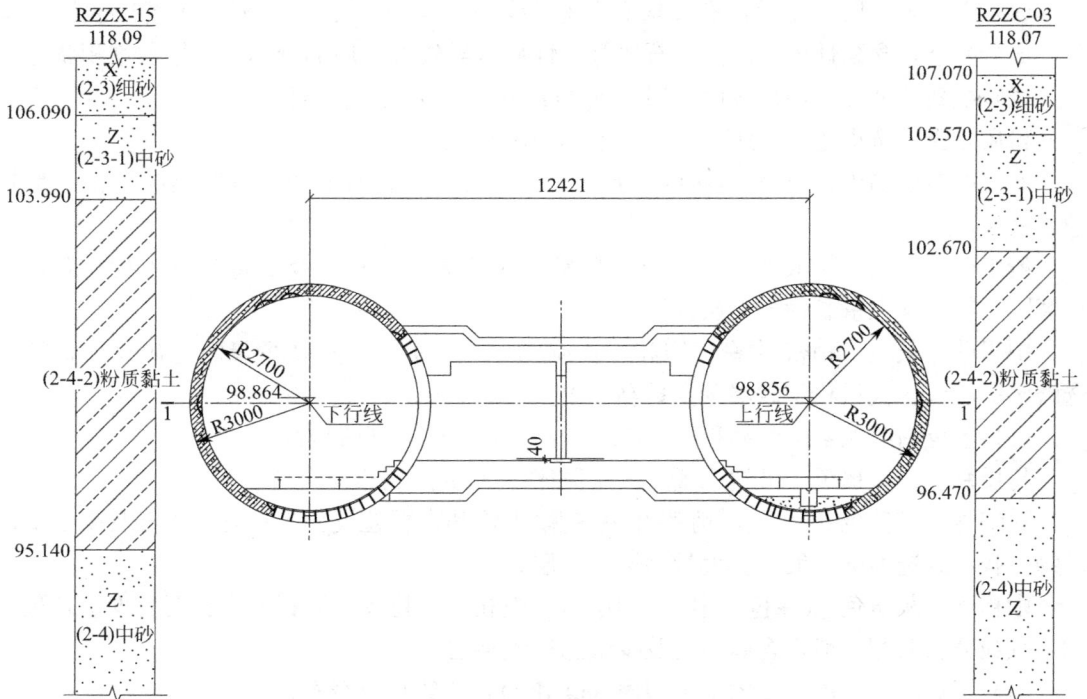

图 2-3　联络通道结构示意图

2.2 工程地质条件

2.2.1 地形地貌

哈尔滨市处在松嫩平原的东南缘，地处松花江中游，东部靠近丘陵山地，其余为广阔的冲洪积平原，平原波状起伏，河谷地貌发育，阶地清晰，漫滩开阔。本区间位于松花江漫滩，场地标高为117～119m，地下水位埋深为2.0～4.0m。

标段内线路，在友谊路经纬街交叉口起沿经纬街下方由西北向东南走行，止于兆麟街哈尔滨机电贸易中心。该区段为松花江漫滩，地形较平坦，略有起伏；线路在经纬街两侧建筑物较多，场地内存在大量的电力、电信、雨水、上水、污水、燃气、路灯等地下管线管道。

2.2.2 工程地质

标段沿线地面标高在112～128m，该单元土层分布不均，并且性质较差，上部为粉质黏土、黏土及淤泥质土层，下部以砂类土为主，砂类土中含黏性土夹层；该区段地下水位较高，40～50m以下为泥岩，见表2-1。

标段范围地质情况表　　　　　　　　　　　　表2-1

地质岩层	顶部/覆土	洞身/基坑范围	底部/下覆
人民广场～中央大街区间	杂填土、黏性土、碎砖、石块、粉质黏土	中砂、砂砾、粉质黏土	粉质黏土、粉细砂、中粗砂、泥岩、粉砂岩

（1）人工填土层（Q_4^{ml}）：全线均有分布杂填土、素填土：广泛分布于场区表层，杂色，成分复杂，含黏性土、碎砖、石块等，性质差异较大，局部较厚，呈松散堆积状态。

（2）全新统低漫滩冲积成因土层（Q_4^{2al}）：分布于松花江漫滩区。

粉质黏土：黄褐色-灰褐色，软塑-流塑，中-高压缩性。

淤泥质粉质黏土：灰色-黑褐色，流塑，高压缩性，含有机质，有腥臭味，含少量粉细砂夹层。

粉细砂：灰色，松散-中密，饱和，颗粒成分为石英、长石及少量暗色矿物。颗粒分选磨圆一般，含大量黏性土夹层。

中粗砂：灰色，稍密-中密，饱和，颗粒成分为石英、长石及少量暗色矿物。颗粒分选磨圆一般，含大量粉细砂层及少量黏性土夹层。

（3）上更新统顾乡屯组冲积层（Q_3^{3gal}）：分布于松花江阶地区。

粉质黏土：黄褐色，可塑-硬塑，中压缩性，具铁质浸染。

粉细砂：灰黄色-灰绿色，稍密-中密，稍湿-饱和，颗粒成分为石英、长石及少量暗色矿物。颗粒分选磨圆一般，含大量黏性土夹层。

中粗砂：灰黄色-灰绿色，中密-密实，湿-饱和，颗粒成分为石英、长石及少量暗色矿物。颗粒分选磨圆一般，含砾砂层及少量黏性土夹层。

（4）下更新统东深井组冰水堆积层（$Q_1^{2d^{fgl}}$）：全线均有分布。

粉质黏土：灰色，软塑-可塑，中-高压缩性。

粉细砂：灰色，松散-中密，饱和，颗粒成分为石英、长石及少量暗色矿物。颗粒分选磨圆一般，含大量黏性土夹层。

中粗砂：灰色，中密，饱和，颗粒成分为石英、长石及少量暗色矿物。颗粒分选磨圆一般，含大量粉细砂夹层及少量黏性土夹层。

（5）基岩-白垩系嫩江组沉积岩（K_{1n}）：分布于第四纪沉积层底部。

泥岩、粉砂岩：灰绿色-青灰色，泥质或砂质结构，碎屑沉积，矿物成分为蒙脱石、高岭石、石英和长石，表层风化强烈，遇水易软化。

上述地层的埋深及分布范围详见工程地质剖面图 2-4。

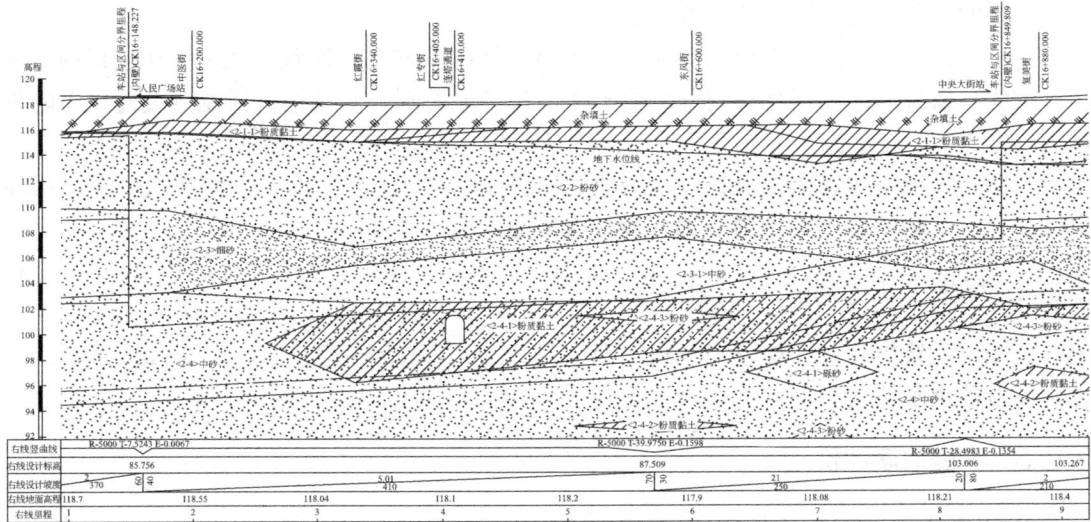

图 2-4　人民广场站～中央大街站盾构区间地质纵剖面

其中，横通道处土层自上而下依次为（2-3）层细砂层、（2-3-1）层中砂层、（2-4-2）粉质黏土层，2-4 中砂土层。

（2-3）层细砂层：黄色-灰色，稍密，很湿-饱和，含少量黏性土夹层，主要成分为石英、长石，颗粒形状近圆球形，颗粒级配一般，黏粒含量低。场地连续分布。渗透系数建议值为 5.403×10^{-4} cm/s。

（2-3-1）层中砂层：黄色-灰色，稍密-中密，饱和，局部呈钙质胶结状，含少量黏性土，主要成分为石英、长石，颗粒形状近亚圆形，颗粒级配一般，黏粒含量低。场地连续分布，渗透系数建议值为 3.171×10^{-4} cm/s。

（2-4-2）粉质黏土层：灰色，可塑，含软塑土，中压缩性，干强度中等，稍有光滑，韧性中等，摇振反应无。场地不连续分布，渗透系数建议值为 5×10^{-6} cm/s。

（2-4）中砂土层：黄色-灰色，稍密-中密，饱和，局部呈钙质胶结状，含少量黏性土，主要成分为石英、长石，颗粒形状近亚圆形，颗粒级配一般，黏粒含量低。场地连续分布，渗透系数建议值为 1.455×10^{-4} cm/s。

2.2.3　场地和地基的地震效应评价与分析

1. 场地地震设计参数

根据《铁路工程抗震设计规范（2009 年版）》GB 50111—2006 铁路工程抗震设计，

应按《中国地震动参数区划图》GB 18306—2015 图 A.1 和图 B.1 执行，该场地地震动峰值加速度为 0.05g（对应于地震基本烈度 6 度），反应谱特征周期 T_g 为 0.35s。

2. 历史地震及区域地震条件

依据《哈尔滨市轨道交通一期工程场地地震安全性评价报告》，场址区 50 年超越概率为 10% 的烈度值为 VI 度。哈尔滨地壳较稳定，属少震区。

3. 场地土的类型和场地类别

根据该建筑场地所处地形、地貌、地质条件，依据《建筑抗震设计规范（2016 年版）》GB 50011—2010 第 4.1.1 条地段类别的划分标准，该建筑场地不处于对建筑抗震有利、不利和危险的地段，为可进行建设的一般场地。

由于本标段勘察工作未全部完成，本次勘察仅在尚志大街站做了 2 个钻孔进行的波速测试试验，通过波速测试结果划分场地土类型和场地类别，测试结果详见《波速、电阻率测试报告》。

根据相邻标段波速测试资料，本站地处松花江漫滩区（工程街～霁虹街段）覆盖层厚度小于 50m，建筑场地类别属 II 类，设计特征周期为 0.35s。

2.2.4 场地土液化判别

依据《建筑抗震设计规范（2016 年版）》GB 50011—2010 第 4.3.3、4.3.4 条规定计算，场地砂土不液化。

2.2.5 不良地质评价

1. 特殊岩土

根据本次勘察揭露，场地特殊岩土主要有杂填土、季节性冻土。

2. 杂填土

杂填土：杂色，松散-稍密，均匀性差，由建筑垃圾、生活垃圾和黏性土、砂土组成，道路上有沥青混凝土路面及三合土人工填筑的路基。广泛分布于场区表层，成分复杂，局部较厚呈松散堆积状态，对车站开挖及基坑支护产生不利影响。

3. 季节性冻土

哈尔滨地区最大冻结深度 2.05m，标准冻结深度为 2.0m，属季节性冻土。从 10 月末开始冻结，至翌年 3 月中旬开始融化，5 月中旬化透。本场区地基土冻胀类型为冻胀-特强冻胀，冻胀类别为 III-V 类。

各土层冻胀性分类按照《建筑地基基础设计规范》GB 50007—2011 附录 G 中表 G.0.1 地基土的冻胀性分类见表 2-2。

地基土的冻胀性分类 表 2-2

地层编号	岩土名称	天然含水量 ω_p（%）	塑限含水量 ω_p（%）	冻结期间地下水位距冻结面的最小距离 h_w	平均冻胀率	冻胀等级	冻胀类别
2-1	粉质黏土	29.2	15.1	≤2.0	6<η≤12	IV	强冻胀
2-1-1	粉质黏土	30.2	19	≤2.0	6<η≤12	IV	强冻胀
3-1	粉质黏土	20.7	16.6	>2.0	3.5<η≤6	III	冻胀
4-1	粉质黏土	19.1	16.5	>2.0	1<η≤3.5	II	弱冻胀

2.2.6　水文地质条件

1.地下水类型及地下水位

根据本线路所处地貌单元勘探揭示的地层结构，勘探深度内场地地下水可分为上层滞水、孔隙潜水、孔隙承压水。

松花江漫滩：第四系全新统孔隙潜水与下更新统砂砾石层孔隙承压水主要赋存于第四系全新统冲积层中（2-2）层粉砂、（2-3）层细砂、（2-4）层中砂、（2-4-1）层砾砂、（2-4-3）层粉砂中及下更新统东深井组（7-2）层中砂中，地层富水性好，透水性强，该层与松花江水力联系密切。补给方式主要有松花江侧向径流补给、大气降水入渗、地表水入渗等，其中松花江侧向径流补给及大气降水入渗为主要补给来源，另外丰水期内，区域内湖水、河水等地表水对地下水也有一定的补给作用。排泄方向主要为蒸发及人工开采。水位和水量随季节性变化，最高一般在7～8月份，最低水位多出现在翌年的3～5月份，地下水位的年变化幅度在2.0～3.0m。

勘察期间通过干钻测得孔隙潜水初见水位埋深2.50～8.20m，地下水静止水位埋深为2.30～7.30m，标高113.34～116.05m（大连高程系）。

此外，场地底部基岩存在少量的基岩裂隙水。底部基岩主要为白垩纪嫩江组（K_{1n}）泥岩、粉砂质泥岩，岩层构造裂隙的发育程度总体较差，裂隙不甚发育，多为闭合状或被充填，富水性较差，含水微弱。

本站有上层滞水、潜水及承压水分布，松花江漫滩区地下水水位浅且水量丰富，对车站明挖工程构成不良影响；土方开挖后，地下水对基坑侧壁易产生渗透，造成潜蚀；同时地下水会对基坑产生浮力作用。

本站地下水位较高且水量较大，基坑开挖时需采取截水、降水等处理措施减小地下水对基坑施工的影响。同时，车站主体结构须考虑地下水浮力的影响。

地铁作为一种特殊的地下结构体，由于在将来运营中自身庞大的容积处于地下水位以下，其整体长期受到地下水的浮托力作用，为保证其使用安全，抗浮水位按最高水位不利组合考虑；根据场地地下水埋藏深度，场地周边水文地质资料综合考虑，本站地处松花江漫滩段，抗浮水位按大连高程系标高118.10m考虑。

地铁横通道所在场地地层富水性好，水平方向透水性强，孔隙潜水与松花江水力联系较为密切，补给方式主要有松花江侧向径流补给、大气降水入渗、地表水入渗等，其中松花江侧向径流补给及大气降水入渗为主要补给来源，另外丰水期内，区域内湖水、河水等地表水对地下水也有一定的补给作用。

2.地下水、土腐蚀性评价

（1）地下水的腐蚀性评价。

本场地所处环境类型为Ⅱ类，水中各种主要离子含量见表2-3。

水化学成分项目表　　　　　　　　　　　　　　表2-3

试验项目	Mg^{2+} (mg/L)	Ca^{2+} (mg/L)	SO_4^{2-} (mg/L)	pH 值	HCO_3^- (mg/L)	C^- (mg/L)	侵蚀 CO_2 (mg/L)
漫滩段孔隙潜水	12.64	35.27	51.87	6.8	109.8	44.96	17.6

根据《岩土工程勘察规范（2009 年版）》GB 50021—2001 12.2 节，地下水、土腐蚀性评价如下所述。孔隙潜水腐蚀性评价结果：按环境类型水对混凝土结构有微腐蚀性；按地层渗透性水对混凝土结构有微腐蚀性，对钢筋混凝土结构中的钢筋有微腐蚀性。承压水腐蚀性评价结果：按环境类型水对混凝土结构有微腐蚀性；按地层渗透性水对混凝土结构有微腐蚀性，对钢筋混凝土结构中的钢筋有微腐蚀性。

（2）场地土腐蚀性评价。

该场地土所处环境类型为 Ⅱ 类。根据《岩土工程勘察规范（2009 年版）》GB 50021—2001 12.2 节，腐蚀性评价结果：按环境类型土对混凝土结构有弱腐蚀性；按地层渗透性土对混凝土结构有微腐蚀性，对钢筋混凝土结构中的钢筋有弱腐蚀性。

2.2.7 气候条件

哈尔滨市属寒温带大陆性季风气候。主要特点为春季风大雨少，夏季温热湿润降水集中，秋季凉爽霜早，冬季漫长，寒冷干燥。一年平均气温 3.6℃，极端最高气温可达 36.4℃，极端最低气温−38.1℃。全市年平均降水量 523mm，降水主要集中在夏季。冬季降雪占全市降水的 12.1%，降雪期日数为 180 多天，年降雪量平均为 63.1mm，最大积雪深度达 41cm。年平均风速 4.1m/s，常年主导风向以西南风为主。年平均日照时数 2446h。年最大冻土深度 205cm。

2.2.8 周边建筑物

（1）人民广场站位于哈尔滨市道里区主城区，车站设于经纬街、友谊路路口。沿车站方向的经纬街为道里区主城区与周边地区沟通的重要交通主干道，经纬街红线宽 50m，道路宽度约 27m，经纬街主车道为单向 4 车道。与经纬街斜交的友谊路红线宽 40m，车行道路宽度约 38m，为双向 5 车道。车站主体基本位于经纬街主道下方。

该站周边地块的开发较为成熟和稳定，目前该站西侧为人民广场、哈尔滨规划展览馆，北侧哈尔滨市人大、哈尔滨市第二十八中学，南侧为友谊公园，西侧为交通银行、秋林食品店、建设银行哈尔滨支行、道里菜市场乐买连锁店等。周边规划主要为商业用地及居住用地。

（2）中央大街站位于经纬街与中央大街、经纬五道街交口的西侧，沿经纬街地下东西向布置，车站周边建（构）筑物密集，主要有：哈尔滨市人大常委会职工住宅楼（位于车站西侧，距离车站主体 7.5m）；黑龙江省五金公司（位于车站西南侧，距离车站主体 5.37m，距 3 号出入口 3.07m）；哈尔滨市综合开发公司（位于车站西南侧，距离车站主体 4.65m）；混凝土 8 号住宅楼（位于车站西南侧，距离车站 3 号出入口 2.31m）；混凝土 2 号住宅楼（位于车站西南侧，距离车站 3 号出入口 5.45m）；经纬小学教学楼（位于车站西南侧，距离车站 3 号出入口 5.31m）；光大银行（位于车站东南侧，距离车站主体 5.66m，距 2 号出入口 3.49m）；混凝土 3 号住宅楼（位于车站东南侧，距离车站 2 号出入口 1.57m）；犹太新会堂旧址（位于车站东南侧，距离车站主体 13.3m）；FW316 商住楼（位于车站西北侧，距离车站主体 4.34m）；FW319 商住楼（位于车站东北侧，距离车站 1 号风亭 6.94m）。

车站东南侧为犹太新会堂旧址，是历史保护性建筑。

（3）区间主要沿经纬街敷设，车流量大，两侧主要为居民区、商用房、工厂、医院等，建筑物距离区间较近。邻近建（构）筑物详见表2-4、表2-5。人民广场站经纬街为单向车道，城市道路等级为主路。

控制性建（构）筑物与区间隧道相对关系表　　表2-4

区间	侧穿建筑物名称	风险等级	基础形式	与区间隧道关系
人民广场站～中央大街站区间	道里区文化体育局（历史保护建筑）	III	2层砌体结构、浅基础、基础埋深3m	区间东北侧，约CK16+203～CK16+266范围，距离区间结构约7m
	车辆厂6号楼	II	8层砌体结构、筏形基础、基础埋深3m	区间东北侧，约CK16+309～CK16+372范围，距离区间结构约3m

非控制性建（构）筑物与区间隧道相对关系表　　表2-5

区间	建筑物名称	风险等级	结构形式	与区间隧道关系
人民广场站～中央大街站区间	哈尔滨粮食局住宅楼	III	7层砌体结构、毛石基础、基础埋深5.4m	正线侧穿，平面最小净距离约6.3m
	医大三院等	III	4层砌体结构、浅基础、基础埋深4.5m	正线侧穿，平面最小净距离约5.9mm
	商住楼7层	III	7层砌体结构、筏形基础、基础埋深5m	正线侧穿，平面最小净距离约6.3m

2.2.9　地下管线

本标段内管线密集，种类繁多，各车站及区间管线情况如下：

1. 人民广场站管线情况

本站范围内地下管线较密集，工程街方向纵穿车站的管线：铸铁给水管A300、A150两根，混凝土ϕ1200雨水管一根。友谊路方向纵穿车站的管线：混凝土ϕ1500雨水管一根，混凝土ϕ1500给水管一根，铸铁A500给水管一根（表2-6）。

人民广场站管线及拟迁改方案统计表　　表2-6

序号	管线类型	管径(mm)	影响长度/埋深(m)	拟改迁方案	备注
1	信息网络管线	300×200	40/0.17	悬吊保护	铜 0.38kV
2	信息网络管线	200×200	40/1.18	悬吊保护	铜/光 12/5
3	信息网络管线	200×100	40/1.00	悬吊保护	铜 10kV 2/2
4	供电管线	ϕ50	40/0.5	悬吊保护	铜 0.38kV 1/1
5	雨水管线	ϕ1500	40/3.98	永久迁改	混凝土
6	给水管	ϕ500	40/1.93	临时改迁	铸铁
7	给水管	ϕ150	40/1.85	临时改迁	铸铁
8	信息网络管线	300×200	40/0.85	悬吊保护	PVC 6/0
9	燃气管线	ϕ219	40/1.15	临时改迁	钢
10	信息网络管线	300×200	40/0.92	悬吊保护	铜/光 12/9
11	交通信号管线	ϕ80	23/0.51	悬吊保护	铜 0.22kV 2/1
12	路灯管线	ϕ50	23/0.38	悬吊保护	铝 0.38kV 1/1

续表

序号	管线类型	管径(mm)	影响长度/埋深/(m)	拟改迁方案	备注
13	信息网络管线	100×50	23/1.7	悬吊保护	铜/光 4/1
14	有线电视管线	200×150	50/1.5	悬吊保护	铜/光 6/5
15	污水管线	ϕ1000	50/4.8	临时改迁	混凝土
16	污水管线	ϕ1500	50/4.2	临时改迁	混凝土
17	信息网络管线	500×360	50/1.04	悬吊保护	铜/光 12/7
18	给水管	ϕ300	50/2.24	临时改迁	铸铁
19	燃气管线	ϕ219	50/1.36	悬吊保护	钢
20	路灯管线	ϕ50	50/0.06	临时改迁	铝 0.38kV 1/1
21	交通信号管线	ϕ80	50/0.34	临时改迁	铜 0.22kV 2/1
22	供电管线	100×50	50/0.51	临时改迁	铜 10kV 2/2
23	信息网络管线	200×300	50/1.10	临时改迁	铜/光 24/8
24	路灯管线	ϕ50	50/0.2	临时改迁	铝 0.38kV 1/1
25	路灯管线	ϕ50	50/0.51	临时改迁	铝 0.38kV 2/1
26	给水管	ϕ300	250/1.85	临时改迁	铸铁
27	雨水管线	ϕ1200	250/2.67	临时改迁	混凝土
28	路灯管线	ϕ50	120/0.3	临时废除	铝 0.38kV 1/1
29	信息网络管线	400×300	250/1.40	临时改迁	铜/光 12/6
30	路灯管线	ϕ50	50/0.2	临时改迁	铝 0.38kV 1/1
31	有线电视管线	250×100	50/1.5	悬吊保护	铜/光 6/5

2. 人民广场站～中央大街站盾构区间管线情况

车站端部盾构井加固范围内管线结合车站管线进行改移，由车站综合考虑，管线应改移到距离车站端头10m以外。根据目前管线资料，盾构隧道范围内管线均位于区间结构上方，管线无需改迁。在盾构施工中，须对重要管线的沉降和位移进行监测，根据监控信息及时调整施工组织，严格控制地下管线的沉降和位移，确保地下管线的安全。

3. 中央大街站管线情况

根据现有管线资料，车站主体结构及外挂区施工范围内的管线主要有给水管线、排水管线、天然气管线等，其中给水管线为沿车站纵向的ϕ300铸铁管，管顶埋深约1.9m，临时改迁至车站南、北侧；排水管线为沿车站北侧及1号风亭结构外侧的DN1200混凝土管，管底埋深约2.5m，临时向车站南、北两侧改迁；天然气管线为沿车站外挂区纵向的ϕ300铸铁管，管顶埋深约为2.4m，临时向车站南侧改迁；供热管线为ϕ325钢管，管顶埋深约为4.0m，垂直于线路方向，永久向车站东侧改迁（表2-7）。

中央大街站主要管线及拟迁改方案统计表　　　　表2-7

序号	管线类型/材质	管径(mm)/埋深(m)	位置	拟改迁方案	备注
1	给水管线/铸铁	DN300/1.90	霞曼街方向1号风亭外侧	临时改迁	
2	排水管线/混凝土	DN1200/2.50	霞曼街方向1号风亭外侧	临时改迁	

续表

序号	管线类型/材质	管径(mm)/埋深(m)	位置	拟改迁方案	备注
3	天然气管线/钢	$\phi 300/2.40$	霞曼街方向1号风亭外侧	临时改迁	
4	排水管线/混凝土	DN500/1.8	经纬街方向车站南侧	临时改迁	
5	给水管线/玻璃钢	DN300/2.06	经纬街方向车站南侧	临时改迁	
6	供热管线/钢	DN325/4.0	车站东端头	永久改迁	

2.2.10　施工场地条件

根据车站周边环境条件，充分考虑工程成本与社会成本相协调，便于施工水平运输和周边居民出行。优化施工场地布置，确保车站施工安全、有序。

（1）人民广场站位置经纬街为城市主要道路，单向通行，现状路幅宽20m，在车站站位处加宽。按照2号线车站与道路路幅的相对关系，道路具备交通疏解条件，将道路整体向东侧翻交，地铁车站可采用明挖顺作法，加快施工速度，尽快恢复道路通行。在友谊路范围内，考虑到友谊路为主干道，交通通行要求高，采用明挖顺作法施工。车站主体结构及附属施工场地布置共分四个阶段。一期围挡面积6639.3m²，二期围挡总面积17350.4m²，三期围挡面积17264.5m²，四期围挡总面积18843.7m²。

（2）中央大街站位置经纬街为城市主要道路，单向通行，现状路幅宽20m，在车站站位处加宽。按照2号线车站与道路路幅的相对关系，主体围护结构施工期间道路不具备交通疏解条件，施工区域内经纬路封闭，原经纬路西北向东南行驶车辆自大安街、经纬七路街绕行，原经纬路东南向西北行驶车辆自通江街、经纬五道街绕行。一期围挡面积8465m²，二期围挡面积8847m²，三期围挡面积8468m²。

（3）地铁横通道结构上方地面为经纬街，联络通道处管线主要有排水管线、给水管线、合流管线、燃气管线、电力、通信等管线；联络通道北侧约13.822m处为工程街派出所，6层砌体结构，筏形基础，地下一层，埋深3.7m；联络通道西南侧约28.199m处为住宅楼，9层砌体结构，毛石基础，地下一层，埋深4.9m；联络通道南侧约14.709m哈尔滨粮食局住宅楼，7层砌体结构，毛石基础，地下一层，埋深5.4m。

2.3　施工重难点分析及解决措施

本工程主要包括风险源预加固、风险源应急加固、地下连续墙、降水井、格构柱、土方开挖及支撑工程、防水工程、主体工程、明挖附属工程、区间盾构、联络通道和端头加固等，且该工程位于交通繁忙的经纬街地段，距离周边建筑物近，周边环境复杂，地质条件复杂，工期紧，施工中受前期管线迁改制约，明挖基坑深度大，地质富水砂层厚等，故施工难度及风险都很大。

2.3.1　工程特点

1. 工期紧、施工冬歇期长

BOT模式对土建施工按期完成具有非常重要的战略意义，工程从2016年4月1日计划开工，到 2019 年 6 月 30 日土建竣工，计划总工期 39 个月，其中必须保证 2018 年 6 月 30 日完成车站主体结构、人民广场站及尚志大街站大里程端盾构井需在 2016 年 7 月 1 日前满足盾构始发条件、2019 年 6 月 30 日隧道双线贯通的关键工期。并且哈尔滨每年 12 月～次年 3 月存在长达 4 个月的施工冬歇期，全年实际施工期只有 8 个月。而前期工作相对滞后，尤其管线改迁不能及时进行，严重影响了工程的顺利开工时间，整个工程任务重，压力大，因此工期非常紧张。

2. 工程规模大、内容多

本标段包括三站两区间，主要为人民广场站、中央大街站、尚志大街站三站和人中区间、中尚区间，位于道里区友谊路至丽电车街之间的经纬路下，线路总长 1926.315 双延米，其中人民广场站长度为 304m，中央大街站长度为 139m，尚志大街站长度为 165m，人中区间长度为 657.319m（左线），中尚区间长度为 719.996m（左线）。涵盖内容有明挖车站、疏解道盖挖、出入口通道、风亭风道、矿山法联络通道、盾构隧道和端头加固，其中围护结构包含地下连续墙、旋喷桩、降水井、格构柱等众多项目施工。主要工程量有开挖土石方 540534m³，回填土方 35893m³，混凝土圬工方 203097m³，钢材 33667t，钢支撑 2122t，水泥 35112t，复合防水板 82146m²。因此工程规模、数量大、内容多。

3. 重要建（构）筑物多、周边环境复杂，保护要求严

本标段处于哈尔滨市区，线路穿越城市中心繁华地段，地处中央大街旅游休闲商贸区，地面交通繁忙，建筑众多，管线复杂。需要处理的管线人民广场站有 31 根，中央大街站有 15 根，尚志大街站有 10 根。

本工程施工场地周边地面建筑物密集，很多都是历史保护建筑，其中（1）人民广场站主要建筑有：车站西北侧主要有石化大厦 8 层混凝土结构距离主体基坑 32.7m；哈尔滨市房产开发 2 号楼 7 层砌体结构距离 1 号出入基坑 7.5m、距车站主体基坑最近处 13.7m；车站西南侧主要有两栋 6 层民房、一栋 8 层民房，均为砌体结构，两栋 6 层民房一栋距离渡线段主体基坑最近处 6.8m，另一栋距主体基坑最近处 8.4m，8 层民房距车站主体基坑最近处 6.6m，距 3 号出入口最近处 24.5m。（2）中央大街站施工场地周边主要建（构）筑物有：车站西北侧 FW316 商住楼 7 层砌体结构距离车站主体基坑最近处 4.34m，距离车站 1 号风亭最近处 6.54m，FW319 商住楼 5 层砌体结构距离 1 号风道基坑最近处 6.94m；车站西南侧哈尔滨市人大常委会职工住宅楼 7 层砌体结构，距离车站基坑最近处 7.5m，黑龙江省五金公司 7 层砌体结构，距离车站主体基坑最近处 5.37m，哈尔滨市综合开发公司 7 层砌体结构，距车站主体基坑最近处 4.65m，光大银行 7 层砌体结构距离车站基坑 5.66m，犹太新会堂旧址 7 层砌体结构，为历史保护建筑，距离车站主体基坑 13.3m。（3）尚志大街站施工场地周边主要建（构）筑物有：车站北侧 7/8 层混凝土结构距离 1 号出入口基坑最近处 4.38m；车站南侧有浙江嘉禾假日酒店 17 层框架结构，距离车站基坑最近处 27.6m，儿童电影院为历史保护建筑，距离 4 号出入口最近处 4.43m，黑龙江省中西医结合学会专科门诊楼为历史保护建筑 4 层砌体结构，距主体基坑最近处 3.6m，东端头处混凝土结构距 2 号风道基坑最近处 10.37m。（4）区间隧道沿着或穿越现有道路行进；此外还有混凝土浇筑的雨水管、控制性电力管线及人行天桥。

因此重要建（构）筑物多，距离施工区域近，周边环境复杂。

4. 地下水位高、砂层厚、地质条件复杂、施工难度大

本标段工程地质、水文地质条件比较复杂。工程毗邻松花江边，最近车站距离松花江只有 300m，地下水位标高与松花江正常水位标高基本相近，埋深仅有 3.5m，地下水位高，且多为承压水，工程地质从上至下为杂填土、粉质黏土、粉砂、细砂、粗砂、砾砂、泥岩等，主体结构及区间盾构普遍穿越砂层，且砂层最厚处达 35m，砂层埋深大、渗透系数大，且地下水位高，因此，在地下连续墙施工中，应根据车站的土质情况，合理配制泥浆，确保泥浆的护壁效果，以维护槽壁稳定。

5. 施工场地狭窄、施工受制约、组织管理难度大

本标段人民广场站项目部位置需占用工程街地段，在管线改迁阶段和冬歇期无法进行项目部建设，大里程段围挡紧邻建筑物或交通导改道，并且基坑不规则，龙门式起重机难以使用，场地非常狭窄，中央大街及尚志大街距周边建筑非常近，靠近建筑物侧无法设置施工便道，施工场地受制约，水平运输主要靠龙门式起重机，钢支撑架设难度大，因此施工场地狭窄、施工受制约、组织管理难度大。

2.3.2 工程重点、难点分析及对策

1. 交通疏解及场地合理布置是本工程的重点

（1）分析

车站位于交通繁忙的城市主干道路上，交通繁忙；周边建筑物众多，可利用场地非常有限。在工期紧、施工任务重的情况下，合理进行场地布置和交通疏解是本工程施工组织的重点。

（2）主要对策及措施

1）做好与交管、市政等部门的沟通协调工作，在交通疏解方案上及时征求各方意见及建议，寻求合理的支持，确保交通疏解顺利实施。

2）在满足疏解的前提下做好施工场地平面布置，合理布置施工生产、生活和办公场地。对于场地狭小的工点，在满足文明施工的要求下，采取见缝插针、分区分块的方式布置场地。

3）充分与周边单位、居民进行沟通和协调，对于施工所带来的影响采取适当的形式告知，取得产权单位和地铁集团的理解，避免发生冲突，确保施工顺利进行。

4）强化施工人员的管理工作，严格各项管理制度，避免出现交通、安全、治安等不良事件的发生。

2. 深基坑施工是本工程的难点

（1）分析

尚志大街站是地下二层车站，基坑最深处为 16.9m。车站建场地地貌单元为松花江漫滩，含水砂层厚，砂层最厚处达 9.32m，承压水头高。在此地质条件下地下连续墙成槽施工及开挖城市中心区深基坑是本工程的重点难点。

（2）主要对策及措施

1）通过对设计文件及现场情况的充分了解，在实施性施工组织设计及施工专项方案的基础之上，细化施工工艺，编制实用可靠、操作性强的作业指导书，做好各级技术交底及培训工作。

2）选派技术过硬、责任心强的专业队伍，精心组织，精心施工，同时加强现场过程控制。严格控制车站围护结构的施工质量，在保护墙体完整性的基础上，确保每幅地下连续墙的接缝质量。加强钢支撑的进场检验工作，确保钢支撑的质量达到设计要求，严格按设计要求的钢支撑布置原则和安拆顺序施工，加强钢支撑预加应力施工作业的管控工作，确保每道支撑发挥作用。

3）地下连续墙成槽施工防塌孔措施。

①改善泥浆性能：在泥浆中加入适量重晶石粉和CMC，以增大泥浆密度和提高泥浆黏度，增大槽内泥浆压力和形成泥皮的能力，从而达到更好的护壁和防塌效果。

②成槽施工小心谨慎，减低作业机械对槽孔的影响：在成槽时尽量小心，抓斗每次下放和提升都缓慢匀速进行，尽量减少抓斗对槽壁的碰撞和引起泥浆振荡；施工中防止泥浆漏失及时补浆，始终维持稳定槽段所必需的液位高度，保证泥浆液面比地下水位高；雨天地下水位上升时加大泥浆密度和黏度，雨量较大时暂停挖槽并封盖槽口；施工过程中控制地面的重载，避免土壁受到施工附近荷载作用影响而造成槽壁塌方，确保墙身光洁度；安放钢筋笼做到稳、准、平，防止因钢筋笼上下移动而引起槽壁塌方；优化各工序施工方案，加强工序间的衔接，尽量缩短槽壁的暴露时间。

③成槽过程中加强对周围建筑物的沉降和位移以及地面的沉降监测，及时反馈监测信息，根据监测信息制定相应措施。

结合笔者单位已施工地铁项目围护结构施工情况看，以上措施有效保证了地下连续墙施工中的成槽质量，塌孔事故时有发生但总体可控。

4）基坑顶部设置截水沟，及时排走地势低凹处的积水，防止地表水流入基坑内冲刷基坑。基坑内设置排水沟，及时排除渗水，疏干降水时，严格按设计要求处理承压水。

5）基坑逐层开挖施工时，应认真对待每处渗漏水点，采用注浆封堵措施，处理合格后，方可继续开挖下层土体，同时对地下连续墙墙体的完整性进行检查，发现问题及时补强处理。

6）加强施工过程管理，及时供应物资材料，增加劳动力投入，确保尽早封闭基坑。

7）加强基坑施工的监测工作，及时准确掌握监测数据的变化情况，如遇数据的非常规变化，需认真对待，组织专家进行原因分析，及时采取措施保证基坑施工安全。

3. 结构防水、防腐是本项目的重点

（1）分析

结构防水、防腐在以往的地铁施工中都是薄弱环节，如处理不好，不但会增加巨大的堵漏费用且影响后续设备安装、装饰工程的顺利开展，也会对地铁运营造成安全隐患。本项目线路所经地层水系发育，线路穿越地层地下水丰富且具承压性，如何保证车站的结构防水、防腐达到设计要求是本项目的重点。

（2）主要对策及措施

1）在认真学习设计文件、了解设计意图的基础上，编制针对性强的施工专项方案，细化施工工艺，编制实用可靠、操作性强的作业指导书，做好各级技术交底及培训。

2）严格做好原材料的采购、验收、检验和试验工作；选择有施工经验及资质的专门队伍施工。对明挖结构的围护结构、防水层、主体结构、回填等工序要严格控制工艺质量，层层把关，未达到要求时，严禁进入下道工序。

3）充分发挥施工单位在防水防腐方面的技术优势，针对本工程的水环境进行科研攻关，对混凝土配合比及生产、外加剂的选择及使用等进行专题研究。在施工过程中，成立防水、防腐QC小组，针对防水、防腐的关键工艺、技术问题开展施工质量攻关活动，以合格的工序质量来保证达到合格的工程防水、防腐质量。

4）做好重要工序的防水、防腐施工。

①保证围护结构及止水帷幕的施工质量。

围护结构是结构防水的第一道防线，加强对其质量控制，提高其防水效果，主体围护结构采用地下连续墙时，连续墙各槽段间做好接头防绕流措施，二期成槽冲孔时，冲头侧面设置铁刷清理干净接头位置的泥浆和混凝土，确保地下连续墙的防水性能，同时在接头处设旋喷桩加强止水。基坑土方开挖后对渗漏部位及时注浆堵漏，从围护结构开始严把车站地下防水的第一道关。

②做好地基处理防水工作。

在不良地质地带采用压力注浆固结地层密封防水，其余地段地基处理完后及时铺设快凝性混凝土垫层封水。

③保证防水层的施工质量。

处理好侧墙背后基面，做到平顺无尖锐物，没有渗漏水点。加强防水层施工的质量控制和保护工作，立模前彻底检查防水层，对损坏的部位进行有效修补。

④做好结构自防水。

结构自防水是防水体系的关键环节，混凝土施工质量的好坏直接关系到结构防水的质量。结构混凝土采用高性能补偿收缩防水商品混凝土，确保混凝土质量稳定合格；优化施工配合比，采用"双掺"技术，严格控制水泥用量，限制水胶比、水泥用量，降低水化热，从而减少裂缝的产生。

加强施工工艺和施工管理，每个施工段长度控制在设计要求范围内。混凝土浇筑完成后，及时进行洒水养护，确保结构表面保持湿润，以保证混凝土后期养护质量。

⑤加强特殊部位的防水处理。

除严格按设计要求进行施工外，对施工缝、接口部位、变形缝等薄弱环节采取有效的控制措施和特殊施工工艺确保防水质量。

4. 建设期间的维稳工作是工程实施中的重点

（1）分析

车站施工队伍多，人员结构复杂，管理难度大，存在诸多不稳定因素。同步施工工序多，相邻界面容易产生摩擦，协调沟通工作量大。

车站建（构）筑物、地下管线密集，产权关系复杂，实施拆迁难度大；施工场地布置对周边影响大、文明施工要求高；施工噪声、粉尘、渣土排放等均存在一定程度的扰民问题。上述不稳定因素的存在，不仅会影响到工程建设进度，还会影响到社会的稳定，如何处理好各种关系，维护社会稳定是本工程的重点。

（2）保证措施

1）工程实施前，项目部成立维稳工作组，及时贯彻落实指挥部维稳工作领导小组的工作部署，负责与相邻施工单位、周边居民的日常沟通及与街道办、居委会等基层政府机构的工作联络，发生维稳事件时第一时间进行处置工作。

2）在政府、地铁集团和指挥部的领导下，紧紧围绕维稳工作的有关要求，建立健全维稳应急机制，遇紧急情况及时解决。着力解决影响本工程项目治安稳定、职工队伍稳定的问题，加强项目部和施工队伍的管理工作，认真做好综合治理维持稳定的工作，营造团结、和谐、稳定的建设环境。

3）开工前通过发放施工告示及宣传手册等方式做好施工公告工作，施工过程中维稳工作组在现场设置专门的接访站，及时协调处理施工扰民及民扰事件。

4）施工过程中及时掌握周边建（构）筑物和居民的情况，采取针对性强、技术可行的措施来保证周边建（构）筑物、管线等的安全，对施工区域内的敏感人群及时沟通、妥善化解矛盾，避免群体事件的发生。

5）施工期间及时准确地公告施工状况及第三方监测数据，让周边居民了解地铁建设情况及周边环境的安全状况，对于因施工引起的受损建（构）筑物，及时请专家进行鉴定及评估，并主动进行修复、加固及赔偿事宜。

6）处理好与供货商、分包商的货款和工程款的支付工作。

7）按有关规定缴纳工资保障金，严格按照人力资源和社会保障部、住房城乡建设部的相关规定，规范员工工资支付行为，及时支付员工工资（包括项目经理部雇用的农民工工资），不得拖欠和克扣，并每月如实向监理工程师报送农民工工资支付情况。

8）加强综合治理工作培训学习，定期组织人员进行维稳教育培训并建立培训学习台账。制作维稳教育宣传栏、板报，以文字和图片的形式生动宣传综合治维的知识，使平安和谐的理念深入人心。

5. 针对地面建筑物较多的特点，拟采用以下对策

本工程的工作重点之一就是要确保各建（构）筑物的安全，将施工对环境的影响降至最低。

（1）详细调查。

隧道施工前要对沉降影响范围内的建筑物和地下管线进行详细调查，调查结果记录在案，认真分析，为制定积极有效的保护方案做准备。

由于各种建筑物对地面沉降的敏感程度不同，按照预测的地层沉降量，对地层移动影响范围内的各种地面建（构）筑物，根据其结构形式、现状和盾构施工对其可能造成的沉降量，采取不同的保护措施。

在盾构机 100m 试掘进段，通过信息化施工积累盾构机掘进参数，使盾构机通过建（构）筑物时的掘进参数达到最优化，并通过地面监测信息反馈对盾构土仓压力进行调整。

（2）选择并优化盾构推进参数、控制盾构姿态，使盾构均衡匀速施工，减少土压力波动对地面的影响，争取快速通过，根据施工单位总结的经验，推进过程中，控制土仓压力为计算土压＋0.1bar，盾构通过时地面会出现 1～3mm 的隆起，在盾构通过后，地面又恢复到原来的状态。

（3）严格同步注浆量、注浆压力和注浆质量的控制，减少施工过程土体变形，根据哈尔滨地铁 1 号线、深圳地铁 7 号线、武汉地铁 11 号线总结的经验，控制每环注浆量在 $4.4～6m^3$ 时，最有利于地面沉降的控制。

（4）管片脱出盾尾 8 环后，根据监测情况通过管片预留注浆孔进行二次注浆。

（5）严格控制出土量，如发现出土量过大要逐步增加土仓压力，将每一环的出土量控制在计算的范围内。

（6）若地面沉降过大，二次注浆改为双液浆或在地面采用跟踪注浆来保护建筑物。

（7）加强对建筑物的监控量测，并及时信息反馈，据此调整和优化施工技术参数，做到信息化施工。

6. 针对盾构进出洞及联络通道施工风险大的特点，拟采用以下对策

（1）在盾构进出洞和联络通道开洞施工前，洞口及通道周围地层须预先采取地基加固等辅助措施。本区间盾构工作井进出洞处及联络通道处隧道基本处于砂层，具体加固体范围为：隧道周围上、下、左、右各 3m，加固体长度始发端为 10m，到达端为 12m。

（2）由于工作井洞圈直径与盾构外壳存在一定的间隙，为了防止盾构出洞时及施工期间土体从该间隙中流失，在洞圈周围安装由橡胶帘布、圆环板、翻板及连接销轴等组成出洞密封装置，并设置 6 个注浆孔，作为洞口防水堵漏的预防措施。

（3）洞门凿除在盾构机组装调试好和其他始发准备完成后快速进行。

（4）严格按照盾构机操作程序掘进。

1）盾构始发及到达阶段掘进采用土压平衡模式，严格控制出土量，根据刀盘开挖面积及土质开挖后的松散系数计算盾构出土量，要求开挖多少土，排出多少土，保证出土平衡。

2）盾构机主机部分全部进洞后，及时进行盾尾注浆，填充管片与地层之间的空隙，避免水土流失。

3）盾构掘进一段时间后，及时对洞口处的管片进行二次注浆。

（5）为避免联络通道施工时对已处于稳定（受力平衡）状态的成型盾构区间造成较大的影响，同时也为了防止可能存在的地下水流对联络通道施工造成影响，在施工联络通道前，需对盾构区间隧道进行加固和止水。

（6）加强监控量测，发现问题及时反馈分析，施工前制定好相应的应急措施。

对本工程的重难点梳理情况及采取的措施见表 2-8 和表 2-9。

工程重点及对策一览表　　　　　　　　　　　表 2-8

序号	工程重点	对　策
1	进度控制	①本工程在具备开工条件后对标段内全部单位工程同步施工，工期保证的关键是：在对环境、地质条件详细调查研究的基础上，科学合理组织，稳产高产，周密计划，不出意外，确保盾构始发。 ②成立专家顾问组，为项目提供强有力的技术支持，使项目组织更为严密、科学、经济、实用。 ③贯彻 ISO 标准和 HSE 标准，使管理程序化，通过强有力的管理保持生产稳定，防止大起大落。 ④抓工程统筹、网络计划，抓工序管理，对工程进度进行动态管理，保证控制工期的关键线路可控。 ⑤建立健全盾构机维修保养体系，做好备件储备，使之保持良好状态，提高设备利用率。 ⑥施工前进行详细的现场调查和补充地质钻探，做到对影响施工的任何环节都了若指掌，并提前制定施工方案，确保施工顺利进行
2	结构防水质量控制	①优选混凝土配合比，采用双掺技术，最大限度控制水泥用量，减少混凝土水化热峰值的产生。 ②采用级配良好的粗细骨料，并掺加足量的矿物细料，提高混凝土的流动性、黏聚性，增加混凝土密实度。 ③加强对商品混凝土的生产过程控制和质量检测，确保混凝土符合设计的抗渗等级。 ④专人负责，加强对变形缝、施工缝处止水带、止水钢板和施工接缝处理的工艺质量控制。 ⑤混凝土浇筑后保湿保温养护不少于 14d，采取温控措施控制混凝土内外温差低于 25℃。 ⑥专业队伍施作外包防水层，严格质量检查，把好防水抗渗第一关。 ⑦做好车站降水井及盖挖段临时立柱与顶、底板交接处防水施工处理，按要求安装止水法兰盘、止水胶及过底板套管，并采用微膨胀纤维混凝土填补

续表

序号	工程重点	对　策
3	隧道管片质量控制	①严格管片进出场的检验,有效防止缺陷产品流入施工现场。 ②严格止水条和防碰撞材料的粘贴、防护及检查,防止止水条在施工过程中损坏,损坏的及时更换。 ③正确选择管片型号,控制掘进时盾尾间隙和油缸行程差。 ④控制盾构掘进姿态,防止管片局部受力过大。 ⑤抓好同步注浆,及时进行二次补强注浆,有效防止管片上浮及管片后期变形
4	安全控制	①建立健全规范化、标准化培训和考核机制,使盾构操作人员正确操作设备,能有效规避施工中的风险。 ②采用牵引力大、性能良好的车辆和运输设备,保证设备的安全装备每天都得到有效检查和正确养护,使制动装置有效,并由安全部门定期进行制动试验。 ③设专职轨道养护人员,每天对轨道进行有效的检查和养护。 ④在盾构机后配套内、轨道上均设置有效的阻车器,并配设相应的信号传递系统,以便有效地通知人员,做好人员及设备的防护
5	盾构始发、到达端头加固	①提前安排端头加固施工工作,给加固体质量检查、补强加固留足时间。 ②端头地基加固按设计施工,严格控制双重管旋喷桩施工参数,确保端头加固质量。 ③端头地基加固后,必须对加固质量进行垂直抽芯和水平抽芯检查,主要检查加固体完整性、强度及渗透性,对不合格处进行注浆加固,确保盾构隧道洞口土体的稳定。 ④做好盾构始发、到达洞门密封工作,确保临时密封装置起到良好的止水效果。在帘布橡胶板上涂抹黄油等润滑剂,以免刀盘刮坏帘布橡胶,影响洞门密封效果。 ⑤在洞圈范围内钻水平观测孔,观察是否出现渗漏水,如有则根据渗漏水的具体情况,采取水平注浆处理措施。 ⑥做好盾构始发、到达前的条件验收工作,确保验收合格后进行盾构始发、到达施工。 ⑦做好盾构始发与到达时的姿态控制,保证盾构以良好的姿态始发与到达。 ⑧做好盾构始发到达时的应急预案及应急物资准备
6	盾构施工地表沉降控制	①控制掘进中盾构的姿态,尽可能减小对地层的扰动。 ②针对不同地质,合理选取掘进参数,保持掌子面稳定,防止或减少地层失水。 ③"掘进与注浆同步,不注浆不掘进",及时填充环形间隙,二次补强注浆常态化。 ④提前对建筑物进行加固处理,在掘进过程中加强监控量测,及时分析反馈,指导施工。 ⑤提前做好盾构区间沿线管线的调查工作,对重要管线进行改移或加固保护
7	盾构机选型	①在所提供的地质勘探资料的基础上加强地质调查和补充勘察,为盾构机设备配置提供尽可能详实的地质资料。 ②认真研究工程地质和水文地质,针对工程特点,组织技术专家进行盾构改造及设备配置研讨、比选,明确工程对盾构机的性能和功能的要求,做到配置合理、设计先进。 ③区间盾构隧道穿越富水砂层,粉质黏土层,要求盾构刀盘配置需能满足地层掘进的需要,借鉴已有的盾构施工经验,盾构选型时重点做好盾构刀盘和刀具等易损件的配备和设计。 ④盾构机配备好的泡沫注入系统和膨润土注入系统,刀盘中心、周边和土仓、螺旋机等处均设计有注入点,并可根据情况调整各点的注入量,能有效地改良渣土。 ⑤做好盾构机的密封设计,在盾构穿越富水地层做好密封油脂的注入,保证密封效果。 ⑥做好盾构机铰接和盾尾设计工作,使其满足线路线形要求,特别是在曲线线路上避免盾构出现"蛇形"情况。 ⑦排渣系统采用二级螺旋输送机,可以有效避免富水地层发生喷涌

工程难点及对策一览表　　　　　　　　　　　　　表 2-9

序号	工程难点	对　　　策
1	车站所处地层复杂,深基坑开挖是本工程的难点	①控制连续墙施工质量,施工过程中对地下连续墙垂直度、钢筋笼制作质量进行严格的控制。 ②基坑开挖必须在土体干燥的状态下进行;基坑外设置截水沟,基坑内设置降水井及排水沟渠,并确保基坑降、排水的质量,基坑内外排水通畅,及时抽排基坑内地表的明水,防止地表水渗入土中。 ③基坑开挖时避免超挖,及时施工混凝土支撑(钢支撑),减小连续墙水平位移和变形,减少对夹持土层的扰动。 ④严格贯彻"开槽支撑、先撑后挖、分层开挖、严禁超挖"原则组织信息化施工,处理好开挖和支撑的关系,及时施作垫层和底板,控制基底隆起。 ⑤处理好拆支撑和结构混凝土施工的关系,结构钢筋混凝土按照设计顺序从下至上逐层施工,支撑严格按设计顺序拆除。 ⑥基坑开挖采用分段、分层开挖,每段坡度为 1:1.5,总坡度不陡于 1:3,基坑开挖至基底时在坡底设置挡水坝。 ⑦加强监测,包括基坑变形、围护结构沉降、支撑应力的变化等,及时反馈信息指导施工。 ⑧加强雨期基坑开挖的安全管理工作,做好雨期防汛工作。 ⑨编制"深基坑施工应急预案",备好应急物资,做到有备无患,成立抢险应急分队,经常组织学习和抢险模拟演练,一旦发生险情时可以做到"发现早、反应快、处理及时",把损失降低到最小
2	车站、盾构施工对周边管线及建筑物影响	①对本标段管线进行全面电子雷达及人工挖槽探测。 ②对影响范围的管线进行改迁和保护。 ③对影响范围内的建(构)筑物进行加固处理,并预埋袖阀管,根据建(构)筑物的跟踪监测数据进行注浆加固。 ④严格控制车站施工、盾构施工、降水施工的工艺,施工中及时对构造物进行监测,发现异常应采取相应的处理措施。 ⑤和产权单位密切配合,制定好相应的应急处理方案,并做好应急物资的储备工作
3	盾构在富水地层中掘进	①盾构施工前要对设备进行彻底的检查、维修和保养,确保匀速顺利平稳掘进,减少不必要的停机,尽量降低对地层的反复扰动。 ②采用双闸门螺旋输送机,从而更好地避免喷涌的发生。并且一旦发生喷涌或突水时,可以通过依次轮流启闭螺旋输送机闸门达到保压掘进的目的。 ③严格控制盾构正面的平衡压力,控制施工参数,根据开挖面的水土压力,及时调整推力及推进速度,保持土仓压力平衡,避免因推力波动过大对地层造成严重的扰动。 ④根据盾构 100m 试掘段不断优化掘进参数,确定合理的膨润土、聚合物注入参数,增强渣土的和易性;严格控制出土量,保证土体的密实,以避免螺旋出土口涌水涌砂致土仓压力失衡。 ⑤严格控制同步注浆量和浆液质量,浆液均匀合理的压注,同时及时二次补注浆,以保证盾构机体外空间及时填充,以有效控制该段地层的沉降。 ⑥盾构掘进过程中、掘进后均加强监测监控,根据监测情况进行二次补强注浆,避免隧道发生工后沉降
4	盾构防喷涌	①通过盾构机配置的两级螺旋机闸门的启闭配合,保证土压力,防止喷涌。 ②合理的盾构掘进参数,避免在刀盘位置形成负压区。 ③合理的使用渣土改良剂,通过向刀盘加注泡沫改良土层为塑性流动状态,防止喷涌发生。 ④同步注浆要饱满,并及时用双液浆进行二次补浆,封闭盾尾来水

续表

序号	工程难点	对　策
5	盾构区间侧穿建(构)筑物	①施工前做好地面建(构)筑物结构及基础形式的调查,请专业摄影师对建(构)筑物进行拍照取证,并请具有专业资质的单位对周边建筑物进行鉴定。 ②优选最佳盾构施工参数,严格控制盾构正面土压力、出土量及推进速度,保持开挖面的平衡和稳定。 ③在盾构推进中姿态变化不可过大、过频,以减少土层损失,降低盾构对周围土体的扰动。 ④严格控制同步注浆技术,必要时进行二次注浆以及时填充环状空隙。 ⑤采用信息化施工技术,及时获取施工过程中的各项参数,根据地面变形曲线进行实测反馈,随时调整施工参数,减少盾构的超挖和欠挖。 ⑥加强施工监测,采取相应措施,包括对建(构)筑物的变形、沉降监测,根据情况对建(构)筑物进行预加固处理或者跟踪注浆处理;如发生较大变形,应及时反馈以调整施工参数并采取必要的地面加固措施。 ⑦做好应急预案,以备紧急情况发生时及时采取措施补救
6	基坑降水施工	①按照设计要求布设降水井,施工中加强水位监测,以控制地表沉降及对周边建(构)筑物的影响。 ②在正式降水施工前,先进行降水试验,然后通过降水试验结果,编写降水专项方案,经专家评审,方案通过后进行降水施工,并根据降水试验综合考虑对井点进行加密布置。 ③严格控制降水水位,基坑土方开挖基底前坑内降水深度应控制在坑底以下 1m。 ④开始降水后,应随时监测基坑周围土体沉降量及对建筑物或管道等的影响。 ⑤项目部指派专人 24h 值班看管降水,加强水位观测。 ⑥备用发电机及水泵,保证降水过程中不间断。 ⑦车站主体结构完成后保证封井质量

2.4　冻结法施工工艺[100]

2.4.1　基本概念

冻结法施工,是指在含水土层内先钻孔打入钢管,导入循环的液氮,使周边的地层冻结,形成坚硬的冻土壳。它不仅能保证地层稳定,还能起隔水作用,可以进行深基坑的挖土。我国一些煤矿井筒工程,用此法施工,最长达 500m。近年来,此法已推广到其他土木工程中。

作为一种成熟的地铁横通道施工方法,冻结法施工技术在国际上被广泛应用于城市建设和煤矿建设中已有 100 多年的历史,我国采用冻结法施工技术至今也已有 40 多年的历史,主要用于煤矿井筒开挖施工,其中冻结最大深度达 435m,冻结表土层最大厚度达 375m。自 1992 年起,冻结法工艺被广泛应用于上海、北京、深圳、南京等城市地铁工程施工中。

2.4.2　基本特点

冻结法适用于各类地层,尤其适合在城市地下管线密布条件困难地段的施工,经过多年来国内外施工的实践经验,证明冻结法施工有以下特点:

（1）可有效隔绝地下水，其抗渗透性能是其他任何方法不能相比的，对于含水量大于10%的任何含水、松散、不稳定地层均可采用冻结法施工技术。

（2）冻土帷幕的形状和强度可视施工现场条件、地质条件灵活布置和调整，冻土强度可达 5～10MPa，能有效提高工效。

（3）冻结法是一种环保型工法，对周围环境无污染，无异物进入土壤，噪声小，冻结结束后，冻土墙融化，不影响建筑物周围地下结构。

（4）冻结施工用于桩基施工或其他工艺平行作业，能有效缩短施工工期。

2.4.3 使用范围

冻结法适用于各类地层，主要用于煤矿井筒开挖施工。在地铁盾构隧道掘进施工、双线区间隧道旁通道和泵房井施工、顶管进出洞施工、地下工程堵漏抢救施工等方面也得到了广泛的应用。

2.4.4 工艺原理

冻结法是利用人工制冷技术，使地层中的水结冰，将松散含水岩土变成冻土，增加其强度和稳定性，隔绝地下水，以便在冻结壁的保护下，进行地下工程掘砌作业。它是土层的物理加固方法，是一种临时加固技术，当工程需要时冻土可具有岩石般的强度，如不需要加固强度时，又可采取强制解冻技术使其融化。

2.4.5 工艺流程

1. 冻结孔施工

（1）开孔间距误差控制在 ±20mm 内。在打钻设备就位前，用仪器精确确定开孔孔位，以提高定位精度。

（2）准确丈量钻杆尺寸，控制钻进深度。

（3）按要求钻进、用灯光测斜，偏斜过大则进行纠偏。钻进 3m 时，测斜一次，如果偏斜不符合设计要求，立即采取调整钻孔角度及钻进参数等措施进行纠偏，如果钻孔仍然超出设计规定，则进行补孔。

2. 冻结管试漏与安装

（1）选择 $\phi 63 \times 4mm$ 无缝钢管，在断管中下套管，恢复盐水循环。

（2）冻结管（含测温管）采用丝扣联接加焊接。管子端部采用底盖板和底锥密封。冻结管安装完，进行水压试漏，初压力 0.8MPa，经 30min 观察，降压 ≤0.05MPa，再延长 15min 压力不降为合格，否则就近重新钻孔下管。

（3）冷冻站安装完成后要按《旁通道冻结法技术规程》DG/TJ 08-902—2006 要求进行试漏和抽真空，确保安装质量符合设计要求。

3. 冻结系统安装与调试

（1）按 1.5 倍制冷系数选配制冷设备。

（2）为确保冻结施工顺利进行，冷冻站安装足够的备用制冷机组。冷冻站运转期间，要有两套的配件，备用设备完好，确保冷冻机运转正常，提高制冷效率。

（3）管路用法兰连接，在盐水管路和冷却水循环管路上要设置伸缩接头、阀门和测温仪、压力表、流量计等测试元件。盐水管路经试漏、清洗后用聚苯乙烯泡沫塑料保温，保温厚度为 50mm，保温层的外面用塑料薄膜包扎。集配液圈与冻结管的连接用高压胶管，每根冻结管的进出口各装阀门一个，以便控制流量。

（4）冷冻机组的蒸发器及低温管路用棉絮保温，盐水箱和盐水干管用 50mm 厚的聚苯乙烯泡沫塑料板保温。

（5）机组充氟和冷冻机加油按照设备使用说明书的要求进行。首先进行制冷系统的检漏和氮气冲洗，在确保系统无渗漏后，再充氟加油。

（6）设备安装完毕后进行调试和试运转。在试运转时，要随时调节压力、温度等各状态参数，使机组在有关工艺规程和设备要求的技术参数条件下运行。

4. 积极冻结阶段在冻结试运转过程中，定时检测盐水温度、盐水流量和冻土帷幕扩展情况，必要时调整冻结系统运行参数。冻结系统运转正常后进入积极冻结。

积极冻结，就是充分利用设备的全部能力，尽快加速冻土发展，在设计时间内把盐水温度降到设计温度。旁通道积极冻结盐水温度一般控制在－28～－25℃之间。

积极冻结的时间主要由设备能力、土质、环境等决定，上海地区旁通道施工积极冻结时间基本在 35d 左右。

5. 维护冻结阶段在积极冻结过程中，要根据实测温度数据判断冻土帷幕是否交圈和达到设计厚度，测温判断冻土帷幕交圈并达到设计厚度后再进行探孔试挖，确认冻土帷幕内土层无流动水后（饱和水除外）再进行正式开挖。正式开挖后，根据冻土帷幕的稳定性，提高盐水温度，从而进入维护冻结阶段。

维护冻结，就是通过对冻结系统运行参数的调整，提高或保持盐水温度，降低或停止冻土的继续发展，维持结构施工的要求。旁通道维持冻结盐水温度一般控制在－25～－22℃之间。维护冻结时间由结构施工的时间决定。

2.4.6 工程监测

工程监测的目的就是根据量测结果，掌握地层及隧道的变形量及变形规律，以指导施工。由于旁通道施工位于地下十多米处，为防止施工时对地面周边建筑、地下管线、民用及公共设施带来不良影响，甚至严重破坏，对施工过程必须有完善的监测。

工程监测贯穿整个施工过程，其主要监测内容如下：

（1）冻结孔施工监测内容为：冻结管钻进深度；冻结管偏斜率；冻结耐压度；供液管铺设长度。

（2）冻结系统监测内容为：冻结孔去、回路温度；冷却循环水进、出水温度；盐水泵工作压力；冷冻机吸排气温度；制冷系统冷凝压力；冷冻机吸排气压力；制冷系统汽化压力。

（3）冻结帷幕监测内容为：冻结壁温度场；冻结壁与隧道胶结；开挖后冻结壁暴露时间内冻结壁表面位移；开挖后冻结壁表面温度。

（4）周围环境和隧道土体变形监测内容为：地表沉降监测；隧道的沉降位移监测；隧道的水平及垂直方向的收敛变形监测；地面建筑物沉降监测。

2.4.7　质量标准

由于冻结法施工工程技术难度高，施工风险大，工程中不可预测因素多，因此对质量要求极高。主要按照《煤炭井巷工程质量验收规范》GB 50213—2010、《煤矿井巷工程施工规范》GB 50511—2010、《煤矿井巷工程质量检验评定标准》MT/T 5009—1994 要求进行施工。除了参照国家有关标准外，还应着重注意以下几点：

（1）冻结帷幕设计时应选择比较安全的计算模型，要有足够的安全系数。

（2）冷冻机组制冷量在设计时，取较大的备用系数。

（3）钻孔的偏斜应控制在 1% 以内。

（4）终孔间距不大于 1.0m。

（5）在冻土帷幕关键部位，多布置测温孔，监测冻土帷幕的形成过程和形成状况。

2.4.8　安全环境保护

（1）设计要考虑各种最不利条件，保证方案安全可靠。

（2）设计计算的各种最不利条件，在施工组织设计及施工中，做到重点防范，采取切实可行、有效的措施加以控制。

（3）选用无污染、效率高、体积小、重量轻、制冷量大、安装运输方便的螺杆冷冻机组作为制冷系统的主机，以适应地铁施工场地小、工期紧的需要。

（4）采用通信系统和视频系统有效地监控施工现场，对施工中发现的问题及时汇报处理，杜绝一切不安全的施工现象和违章的操作，把事故制止在萌芽状态。

（5）旁通道设安全防水门，以备发现险情关闭防水门，保护隧道之用。

（6）在对面隧道内，增设冷冻板，冷冻板排管外设置泡沫保温材料，以确保对面隧道交接处的完好冻结状态；在旁通道的左右侧各钻一个 $\phi 89$ 的冻结孔，作为冷冻板盐水循环的进回液管。

（7）在管线交底后也可对地下管线和隧道进行必要的支撑。对离冻结区较近的管线与建筑物采取保温措施，防止冻坏。

（8）旁通道开挖期间项目管理人员采用 24h 值班制，对施工的各个环节要起到及时的检查和督促作用，在施工现场准备足够的备用设备和物资，以备应急之用。

（9）为预防开挖中停电等导致停工，甚至出现冒顶、涌砂事故，采取以下预案：在旁通道开挖期间，通道内准备 3m 长 16 号槽钢（或钢管）6 根，黏土 2.0t 和足够的沙袋，用以在必要时堆黏土和沙袋封闭通道，预防淹隧道。

（10）冻结加固中打设的冻结孔将穿越④⑤号土层，该土层局部夹有粉砂薄层，有钻孔突水、涌砂的可能。需要加大钻具推力，强行顶入套管；利用原钻具系统注浆，浆液选用水泥-水玻璃或丙烯酸盐类浆液；必要时压紧孔口管密封装置，封闭该孔。

（11）采取必要的措施，防止打冻结孔时水土流失；在钻孔施工期间加强沉降的监测，发现跑泥漏砂水土流失严重引起的沉降，影响到建筑物和地下管线，应立即停止施工，并立即注浆，防止沉降影响周围建筑物和地下管线，到没有沉降为止，待地层较稳定后再施工钻孔。

（12）加大盐水在冻结管内的流量，采用串并联循环方式，加快冻结管的热交换。

（13）用逐步降温的过程，防止冻结管由温度应力造成的开裂。冻结孔每三个串联供液，并根据流量、去回路温差监控冻结器的盐水流量及均匀性，确保冻结帷幕支护可靠。

（14）根据监测的测温孔温度计算的各个剖面冻结壁的平均温度，对温度偏高的部位，调整盐水流量予以调控。实现信息化施工，加强冻结壁的监测监控。根据监测情况调控冻结壁强度和变形。

（15）加强冻胀与融沉监测，发现冻胀影响到建筑物和地下管线，通过已打的卸压孔减小冻胀或打冻结孔加热循环，进行解冻；预留注浆孔，进行跟踪注浆，防止融沉影响周围建筑物和地下管线。

2.4.9 效益分析

自我国采用冻结法施工技术以来，作为一种特殊的施工方法，其抗渗透性能是其他任何方法不能相比的。近年来，城市地下工程施工进入了高峰，复杂的施工环境使一些大型的设备往往束手无策，而冻结法这种仅在施工范围内钻孔就可解决问题的简易方法正好有了用武之地，本书归纳其有以下优势：

（1）可视施工现场条件、地质条件灵活布置和调整，可在地下施工，不占用地面土地，虽加固的费用高出水泥搅拌桩约 1/3，但远远低于所节省的交通组织费用。

（2）冻结土体强度高，并可根据施工要求调节不同部位的强度，安全性好。

（3）阻水效果较其他方法更有效。

（4）是一种环保型工法，对周围环境无任何污染。

2.5 冻结法地铁横通道设计

2.5.1 冻结孔

冻结孔布置如图 2-5 所示。

（1）正常冻结孔开孔位置误差不大于 50mm，遇钢管片肋板等特殊结构处开孔位置误差不大于 100mm，开孔间距误差不大于 150mm；现场放样时应避开管片接缝、螺栓、主筋和钢管片肋板。

（2）冻结孔最大偏斜不应超过 150mm；如超过此规定，施工单位需逐一复核所有终孔间距，绘制实际成孔图提交设计单位复核。

（3）冻结管用 $\phi89 \times 8mm$ 低碳钢无缝钢管（GB 8163），冻结管接头的抗拉强度不低于母管的 75%，并宜采用加内衬管的对焊连接接头。

（4）冻结管下入地层后必须进行试压。试验压力应为冻结工作面盐水压力的 2 倍，且不宜低于 0.80MPa。经试压 30min 压力下降不应超过 0.05MPa，再延续 15min 压力保持不变为合格。

（5）钻孔施工前，应安装可靠、有效的防喷装置；施工冻结孔时的土体流失量不得大于冻结孔体积，否则应及时进行注浆控制地层沉降。

（6）复测联络通道位置隧道里程、高程、轴线偏差，同时，打透孔复核两隧道预留口位

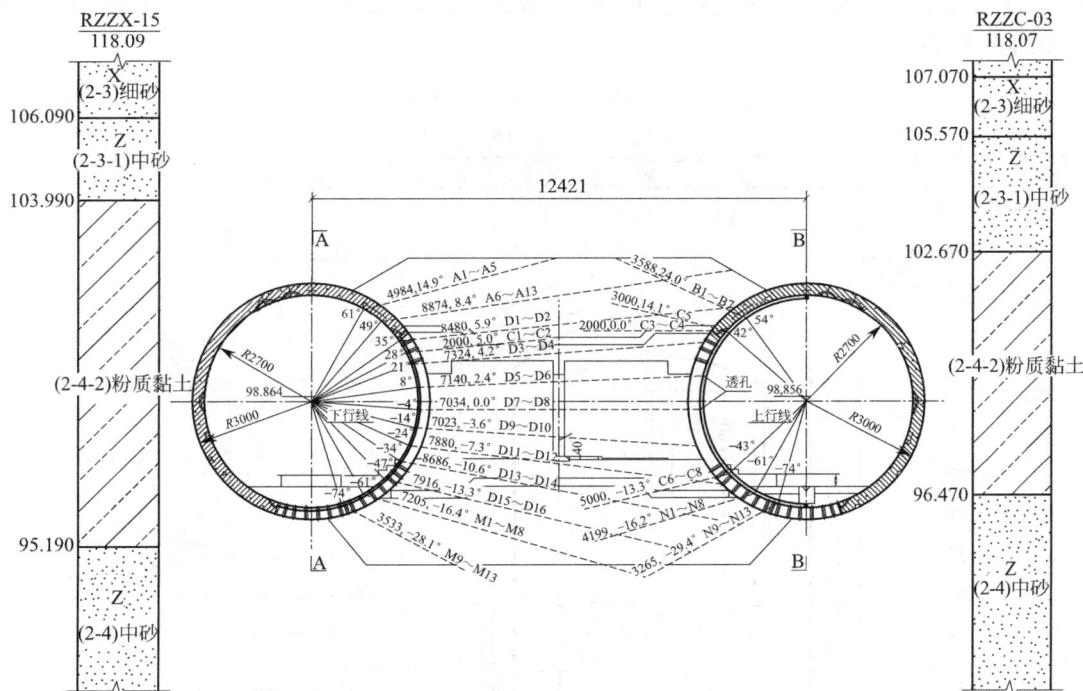

图 2-5 冻结孔布置图

置，根据两隧道预留口的相对位置误差进行调整。根据轴线偏差量，相应调整冻结孔长度；如果里程、高程相对误差大于 100mm，则应按保证冻结壁设计厚度原则对冻结管布置进行调整。

（7）联络通道冻结站对侧隧道沿通道外围冻结壁敷设 6 排冷冻排管，排管间距不大于 400mm；冷冻排管采用 $\phi45$ 无缝钢管，排管敷设应密贴隧道管片。

（8）联络通道设 4 个透孔，用于冷冻站对侧隧道内冻结管及冷冻排管供冷，应根据冻结管及冷排管串联分组情况复核单管盐水流量，流量不满足要求时应采取针对性措施（添加管道盐水泵、增大透孔直径或增加透孔数量等）。

2.5.2 冻结壁

（1）联络通道冻结壁厚度：通道段 ≥2.0m，喇叭口段 ≥1.7m，冻土平均温度 ≤−10℃；冻结壁交圈后的温度分布可简化为稳态温度场计算。

（2）积极冻结时，在冻结区附近 200m 范围内不得采取降水措施。在冻结区内土层中不得有集中水流。

（3）在冻结壁附近隧道管片内侧敷设保温层，敷设范围不得小于设计冻结壁边界外 1m。保温层采用阻燃（或难燃）的软质塑料泡沫软板，导热系数不应大于 0.04W/(m·h)，吸水率不应大于 2%，且不得浸泡在水中。保温层厚度不应小于 40mm，在 5～10 月间施工，保温层厚度不宜小于 60mm。采用保温板材时，应采用专用胶水将保温板密贴在隧道管片上，板材之间不得有缝隙。

（4）冻结孔单孔流量不小于 5m³/h；积极冻结 7d 盐水温度降至 −18℃以下；积极冻结 15d 盐水温度降至 −24℃以下；开挖时盐水温度降至 −28℃以下，去、回路盐水温差不大于 2℃。如盐水温度和盐水流量达不到设计要求，应延长积极冻结时间。冻结孔开孔位置如图 2-6 所示。

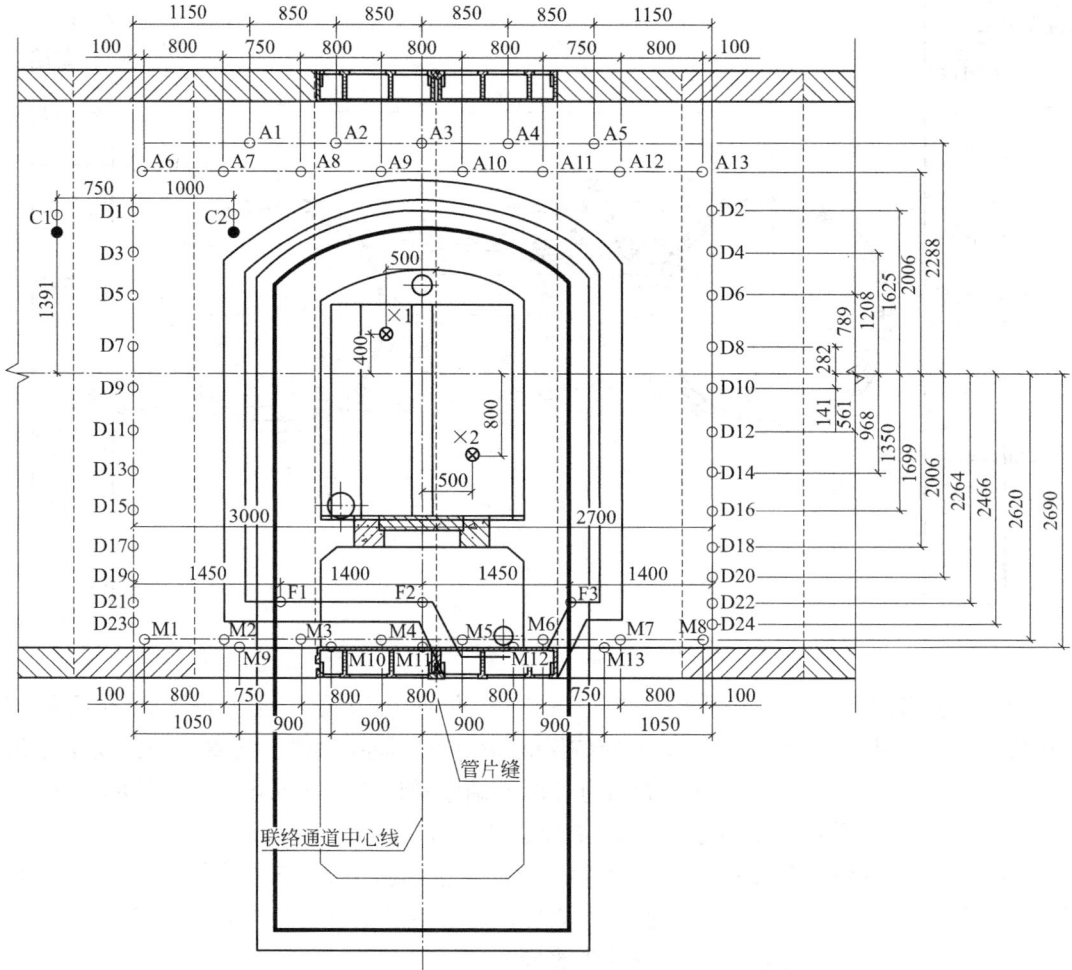

图 2-6　冻结孔开孔位置示意图

（5）当施工中地层及环境条件与原设计依据资料有重大变化时，应及时与设计院联系修改冻结壁设计。

2.5.3　隧道支撑与防护门

（1）共设 4 榀隧道支撑，分别安装在联络通道预留洞口两侧的第二环隧道管片中间处，在冻结壁交圈前安装。

（2）隧道支撑安装偏离设计安装位置不应大于 20mm。

（3）安装好隧道支撑后顶实千斤顶，但不得引起隧道管片明显位移甚至损坏，且各个千斤顶的顶力要基本均匀。

（4）根据实测隧道收敛变形调整各个千斤顶的顶力，收敛大的部位要求千斤顶力大，不收敛的部位千斤顶不加力。隧道收敛达到报警值 10mm 时，千斤顶顶力达到设计最大值 500kN。

（5）如千斤顶顶力达到设计最大值后隧道仍继续收敛，则应采取其他措施加强隧道支撑。

（6）两榀隧道支架之间上部及下部各采用不少于两根 20 号槽钢纵向连接。

（7）防护门需在开启钢管片前，安装调试及验收完毕。

（8）在开挖侧隧道预留洞口上安装应急防护门，在防护门上应安设排气管、注浆管及控制阀门，并配备注浆泵为防护门内供水。

（9）防护门开关应便于人工操作，紧固螺栓、风管及连接件、扳手等配件及操作工具应准备到位。

（10）防护门安装后应进行水密性试验，联络通道防护门在不停泵时试验水压应能保持 0.261MPa，防护门耐压设计值为 0.339MPa，打压试验值不得超过 0.339MPa。

（11）联络通道开挖时发生透水、冒砂事故时，应立即关闭防护门，并向防护门内压水，使防护门内水压维持在设计压力。

（12）联络通道位置存在潜水含水层，工程风险较大，在初期支护完成后，综合考虑开挖过程实际揭露的冻结壁状况、初期支护变形情况、冻结系统运转情况等因素确定拆除防护门及对侧管片的时间。

2.5.4　开挖与初期支护

（1）联络通道开挖时应具备下列条件：

1）检验冻结壁厚度和平均温度均达到设计值。对发现冻结异常处应补打探孔进行测温检验。

2）按设计安装隧道支撑和防护门。

3）在两隧道钢管片上冻结壁内侧设泄压孔或打探孔，泄压孔和探孔无带有压力的水、泥流出。

4）冻结设备运转正常并有备用。

5）开挖、支护、结构施工所需人员、材料、设备准备就绪，相关安全技术措施及开挖报告已履行审批手续。

（2）联络通道开挖掘进段长宜与初期支护钢格栅间距一致，联络通道洞口段为冻结壁薄弱处，应分步分层开挖，严禁一次开挖成型。

（3）开挖断面单侧超挖及开挖中心线偏差等要求详见结构专业施工图。

（4）冻结壁暴露时间不大于 12h，并要求冻结壁暴露面收敛不大于 20mm。

（5）初期支护钢架垂直度、间距偏差等要求详见结构专业施工图。

（6）每天要定时监测初期支护收敛、变形和支护层后冻土温度，发现支护变形或冻土融化应分析原因，及时采取加强措施。

（7）联络通道开挖应严格控制冻结壁温度升高和变形。

2.5.5　冻结、停止冻结、解冻和注浆

（1）在开挖期间不得擅自停止或减少冻结孔供冷。如确因施工需停止个别冻结孔供冷时，应分析对冻结壁整体稳定性的影响，并制定相应技术措施，确保开挖和结构施工安全。

（2）联络通道主体结构施工结束后方可停止冻结。

（3）冻结壁宜采用自然解冻；如采用强制解冻，应编制专项强制解冻方案。

（4）充填注浆。

1）停止冻结并完成冻结孔封孔工序后，应进行衬砌后充填注浆和地层融沉补偿注浆；衬砌后充填注浆应在停止冻结后 3~5d 内进行。

2）注浆管应在联络通道结构施工时预埋。注浆管预埋深度应穿透初期支护层，布孔密度宜为 $2~4m^2$/个，如图 2-7 所示。

3）衬砌壁后充填注浆采用 1:0.8~1 单液水泥浆；注入水泥浆前应先注清水，检查各注浆孔之间衬砌后间隙的畅通性。注浆宜按由下而上的顺序进行，当上一层注浆孔连续返浆后可停止下一层注浆，直至注到拱顶结束。

4）充填注浆结束后根据地层监测情况进行冻结壁融沉补偿注浆。融沉补偿注浆应遵循"少量、多点、多次、均匀"的原则。

（5）融沉补偿注浆。

1）融沉补偿注浆通过预埋的注浆管和隧道联络通道区段内的管片注浆管进行。

2）融沉注浆材料应以单液水泥浆为主，水泥-水玻璃双液浆为辅。水泥浆与水玻璃溶液体积比宜为 1:1，其中水泥浆水灰比宜为 0.8:1~1:1，水玻璃溶液可采用 B35~B40 水玻璃加 1~2 倍体积的水稀释，波美度可根据设计浆液凝结时间进行调整，注浆压力不大于 0.5MPa 或联络通道结构设计要求的允许值。注浆范围为整个冻结区域。

3）注浆设备宜采用双液注浆泵，注浆泵应配备压力表、流量计等量测仪表。

4）地层沉降大于 0.5mm/d 或累计地层沉降大于 3mm 时，应进行融沉补偿注浆；地层隆起达到 3mm 时应暂停注浆。

5）冻结壁已全部融化，且实测地表沉降速率连续 2 次小于 0.5mm/15d 时，可停止融沉补偿注浆。

（6）注浆孔封堵。

1）注浆孔末次封孔注浆采用水泥-水玻璃双浆液，逐孔依次注浆，不得遗漏。注浆完成后待浆液强度达到最终强度的 80% 以上时方可拆除注浆阀门，并割除注浆管，用丝堵封堵注浆孔，并用微膨胀水泥砂浆填平表面。

2）注浆及封堵施工应加强监管，确保所有注浆孔都进行注浆及封堵，封堵应有原始记录。

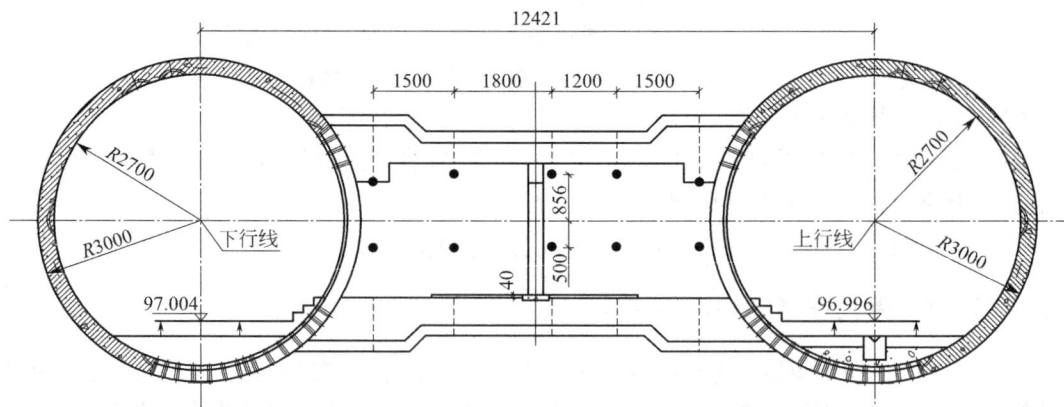

图 2-7　注浆孔布置图

2.5.6 冻结孔封孔及钢管片处理

（1）停冻后应尽快割除隧道管片上的孔口管和冻结管，防止孔口管和冻结管周围冻结壁解冻漏水。割除点与管片内壁的距离不应小于 60mm。

（2）应对遗弃在地层中的冻结管进行充填。充填前应用压缩空气吹干管内盐水。

（3）充填冻结管材料应采用 M10 以上水泥砂浆或 C20 以上混凝土，对于上仰角冻结管充填管长度应不小于管口以内 1.5m，对于下俯角冻结管原则上应全段充填，如图 2-8 所示。

（4）混凝土管片冻结孔封堵应按以下步骤进行：冻结管内壁涂刷界面处理剂，管片厚度范围外侧 200mm 充填聚合物水泥防水砂浆，管片厚度范围内侧 150mm 充填硫铝酸盐微膨胀水泥，管片内侧贴 300mm×300mm×12mm 钢板，并通过 4 根植入管片内的 M12 锚栓固定，如图 2-9 所示。

（5）钢管片冻结孔封堵应按以下步骤进行：采用 C30 硫铝酸盐微膨胀混凝土充填，冻结管空腔管片内侧贴 12mm 厚钢板，并与钢管片肋板进行焊接，焊缝高度不小于 8mm。

（6）冻结管充填和封孔应有原始记录。

（7）冻结开机前，宜完成钢管片格仓填充，充填应牢固可靠，且应采取可靠的保温措施。

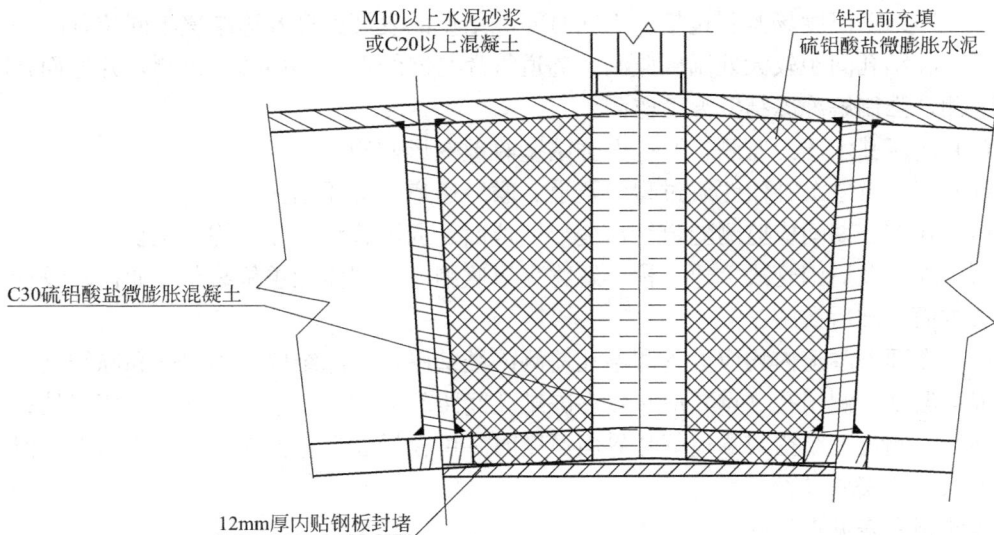

图 2-8　钢管片冻结孔封堵详图

2.5.7 施工监测

（1）联络通道监测应从钻孔开始至融沉注浆后 6 个月且监测数据收敛为止。

（2）隧道管片变形监测范围不应小于联络通道两侧隧道管片各 50m；周边环境变形监测范围不应小于联络通道施工对周边环境可能影响的范围。

（3）冻结系统监测包括：冻结器去、回路盐水温度、流量监测，冷却水循环进出温度监测；冷却机吸、排气温度监测，盐水泵工作压力监测。

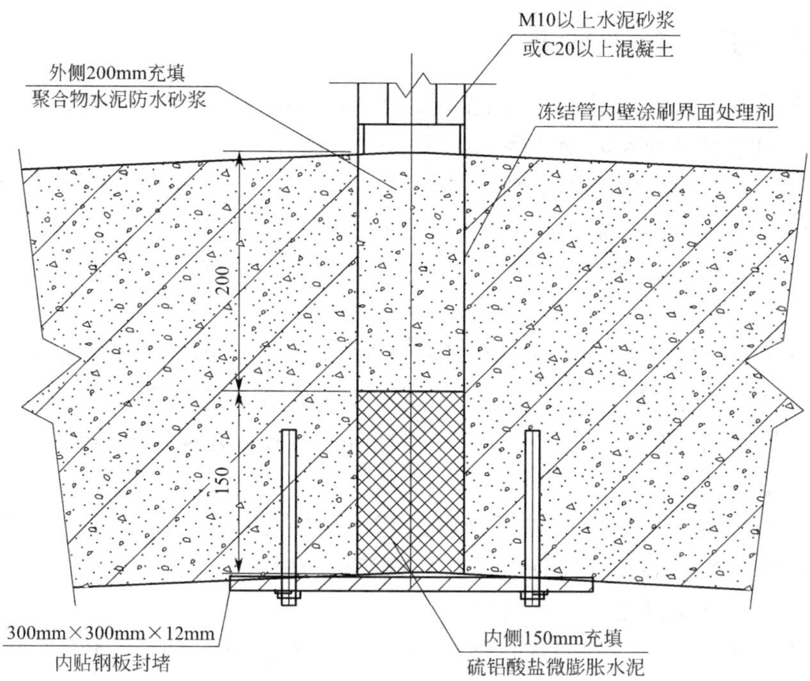

图 2-9　混凝土管片冻结孔封堵详图

（4）冻结壁温度场监测包括：不同时间冻结壁的发展速度及冻结壁不同位置的平均温度监测，冻结孔间距较大处温度监测，隧道管片与冻结壁交界面温度监测，开挖面暴露冻结壁监测，强制解冻冻结壁温度监测。

（5）泄压孔水压力监测，开挖面冻结壁收敛变形监测。

（6）解冻及融沉补偿注浆过程中隧道、联络通道变形监测。

（7）在施工期间应监测隧道管片变形、地面及周围管线、建（构）筑物变形；隧道管片变形、地面及周围管线、建（构）筑物变形监测应会同监测单位编制专业监测设计，并经有关方面批准后实施。

（8）在两条隧道内均应设置测温孔监测冻结壁厚度、冻结壁平均温度和冻结壁与隧道管片界面温度，测温孔（点）应布置在冻结孔间距较大的界面上或预计冻结薄弱处。

（9）在测定冻结壁与隧道管片界面温度时，可在界面上直接布置 1 个测温点，但须确保测温点位置安放准确。

监测频率表见表 2-10。

监测频率表　　　　　　　　　　　　　　　　表 2-10

监测内容	监 测 频 率			
	钻孔期间	冻结期间	开挖	融沉注浆（自然解冻）
综合管线垂直位移监测	1次/d	1次/2d	1次/d	前3个月,1次/(2~3d) 第4,5个月,1次/(3~5d) 第6个月,1次/(5~7d)
邻近建（构）筑物垂直位移监测	1次/d	1次/2d	1次/d	
地表剖面垂直位移监测	1次/d	1次/2d	1次/d	
隧道垂直位移监测	1次/2d	1次/2d	1次/d	
收敛监测	1次/2d	1次/2d	1次/d	

第三章　地铁横通道施工引起地层变形的三维预测分析

地铁主隧道和横通道施工将打破地层原有的平衡状态，其施工使得围岩应力应变及其变形特征再次变化并重新分布，不仅影响横通道和主隧道结构本身，还将对所在地层变形产生一定的影响。因此，为研究地铁主隧道和横通道施工对地层的变形规律，本章从主隧道施工和横通道施工引起地层变形机理出发，推导出了横通道施工完成后的地表变形三维预测公式。

3.1　隧道施工变形机理

在主隧道和横通道施工阶段，随着开挖掌子面的向前推进，围岩将会出现临空面，从而使得周边地层发生移动来补充土体损失。横通道施工前，土体中已经达到变形与应力的平衡状态，而随着横通道施工的进行，土层平衡被打破，进而对既有主隧道和地层产生影响。隧道开挖引起的土层变形如图 3-1 所示。

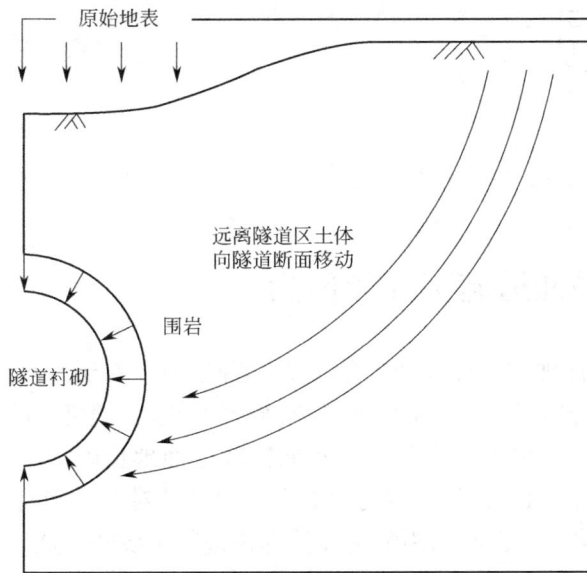

图 3-1　隧道开挖引起的地层变形

对于隧道开挖引起的土层变形，随机介质理论法和 Peck 公式是两种应用较广的土层位移预测方法。随机介质理论由波兰学者 J. Litwiniszyn 于 20 世纪 50 年代提出，是目前国内广泛应用于隧道施工引起的土层位移预测的方法之一。

随机介质理论将隧道岩土体视为一种"随机介质"，将隧道开挖引起的地表沉降过程作为一个随机过程[51,52]，并假设土层不排水、不固结和密度不变化，从统计学观点，将隧道开挖过程看成是无限个随机介质单元开挖引起的地层影响之和，如图 3-2 所示，随着隧道开挖掌子面的推进，当开挖单元完全塌落时，开挖单元上部地层坐标点（x，y，z）的沉降值可以表示为：

$$S_{e(x)} = \frac{1}{r(z)} \exp\left(-\frac{\pi x^2}{r^2(z)}\right) d\delta\, d\mu \qquad (3-1)$$

其中，$r(z)$ 为开挖单元在深度为 z 的水平面上的主要影响半径，也称为主要影响范围。将式(3-1) 对特征地质条件下的开挖工况进行积分，示意图如图 3-3 所示，即可得到该工况开挖下的地表沉降公式：

$$S_{(x)} = \iint_{\Omega - \omega} \frac{\tan\beta}{\delta} \exp\left[-\frac{\pi \tan^2\beta}{\delta^2}(x - \eta^2)\right] d\eta\, d\delta \qquad (3-2)$$

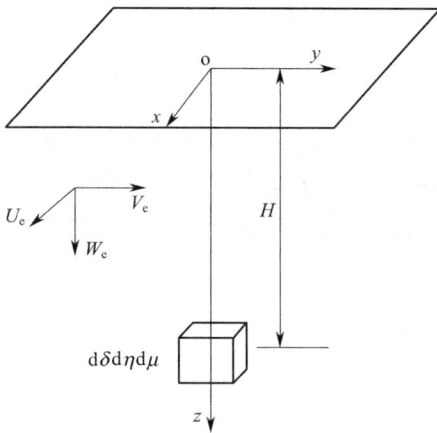

图 3-2　土体单元开挖空间示意图

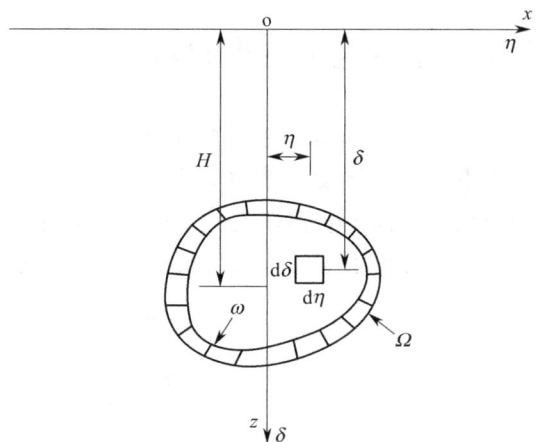

图 3-3　隧道开挖示意图

3.2　主隧道和横通道施工沉降预测

Peck 公式适用于深埋隧道开挖产生的地表沉降预测，对于浅埋隧道，其开挖引起的地表沉降不可避免地受到开挖断面形状和既有结构的影响，随机介质理论由于是直接基于隧道开挖前后开挖断面面积上的积分，因此能比较全面地反映多种因素对地表沉降的影响，因此随机介质理论比 Peck 公式适用性更广。同时针对双线平行隧道开挖引起的地表沉降预测，国内外很多学者已经采用随机介质理论进行了研究，认为单线隧道分别开挖引起的地表变形之和即为双线平行隧道开挖引起的地层变形[101-103]。

但针对双线平行主隧道开挖和横通道开挖引起的地表变形三维预测，还未曾进行过相关研究，因此本章基于随机介质理论，采用各隧道开挖引起的地表变形叠加原理，同时考虑横通道施工过程中的既有主隧道加固作用，对土体强度、土体体积损失率等指标进行二次校核，推导出了主隧道和横通道施工引起的地表变形预测公式。

先考虑双线圆形主隧道开挖产生的地表沉降，主隧道位置如图 3-4 所示，双线圆形主隧道开挖引起的地表变形为 $S_1(x)+S_2(x)$，$S_1(x)$ 为左线主隧道开挖引起的地表变形，$S_2(x)$ 为右线主隧道开挖引起的地表变形，结合随机介质理论的推导过程，以开挖单元中心点为坐标原点进行推导并进行积分[104]，得到双线圆形主隧道开挖产生的地表沉降表达式为：

$$S_1(x,z)=\int_{a_1}^{b_1}\int_{c_1}^{d_1}\frac{\tan\beta}{\delta-z}\exp\left[-\frac{\pi\tan^2\beta}{(\delta-z)^2}\left(x+\frac{L}{2}-\eta\right)^2\right]\mathrm{d}\eta\mathrm{d}\delta$$

$$-\int_{e_1}^{f_1}\int_{g_1}^{h_1}\frac{\tan\beta}{\delta-z}\exp\left[-\frac{\pi\tan^2\beta}{(\delta-z)^2}\left(x+\frac{L}{2}-\eta\right)^2\right]\mathrm{d}\eta\mathrm{d}\delta$$

$$S_2(x,z)=\int_{a_2}^{b_2}\int_{c_2}^{d_2}\frac{\tan\beta}{\delta-z}\exp\left[-\frac{\pi\tan^2\beta}{(\delta-z)^2}\left(x-\frac{L}{2}-\eta\right)^2\right]\mathrm{d}\eta\mathrm{d}\delta$$

$$-\int_{e_2}^{f_2}\int_{g_2}^{h_2}\frac{\tan\beta}{\delta-z}\exp\left[-\frac{\pi\tan^2\beta}{(\delta-z)^2}\left(x-\frac{L}{2}-\eta\right)^2\right]\mathrm{d}\eta\mathrm{d}\delta$$

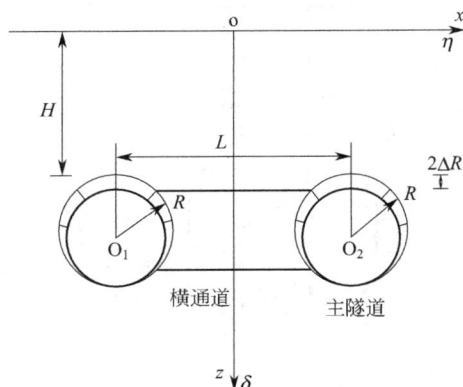

图 3-4　双线主隧道位置示意图

对于双线主隧道非同时开挖的情况，将会造成左线和右线主隧道开挖引起的地表沉降存在差异，这种非对称开挖造成的沉降差异通过积分上下限的取值差异得以体现，其中左线主隧道的积分上下限 a_1、b_1、c_1、d_1、e_1、f_1、g_1、h_1 取值分别为：

$$H-R、H+R、-\sqrt{R^2-(H-\delta)^2}-\frac{L}{2}、\sqrt{R^2-(H-\delta)^2}-\frac{L}{2}、H-(R-2\Delta R)、$$

$$H+R、-\sqrt{(R-\Delta R)^2-(\delta-H+\Delta R)^2}-\frac{L}{2}、\sqrt{(R-\Delta R)^2-(\delta-H+\Delta R)^2}-\frac{L}{2}。$$

右线主隧道的积分上下限 a_2、b_2、c_2、d_2、e_2、f_2、g_2、h_2 取值分别为：

$$H-R、H+R、-\sqrt{R^2-(H-\delta)^2}+\frac{L}{2}、\sqrt{R^2-(H-\delta)^2}+\frac{L}{2}、H-(R-2\Delta R)、$$

$$H+R、-\sqrt{(R-\Delta R)^2-(\delta-H+\Delta R)^2}+\frac{L}{2}、\sqrt{(R-\Delta R)^2-(\delta-H+\Delta R)^2}+\frac{L}{2}。$$

再考虑横通道开挖产生的地表沉降，横通道位置如图 3-5 所示，对本书所依据实际工程，横通道横断面可分解为半圆形断面和矩形断面，对两段横截面分别积分，横通道开挖引起的地表变形为 $S_3(x)+S_4(x)$，$S_3(x)$ 为半圆形横截面部分开挖引起的地表变形，

$S_4(x)$ 为矩形横截面部分开挖引起的地表变形，结合随机介质理论的推导过程，以开挖单元中心点为坐标原点推导并积分，得到横通道开挖产生的地表沉降表达式为：

$$S_3(y,z) = \int_{a_3}^{b_3} \int_{c_3}^{d_3} \frac{\tan\beta}{\delta-z} \exp\left[-\frac{\pi\tan^2\beta}{(\delta-z)^2}(y-\mu)^2\right] \mathrm{d}\mu\mathrm{d}\delta$$

$$- \int_{e_3}^{f_3} \int_{g_3}^{h_3} \frac{\tan\beta}{\delta-z} \exp\left[-\frac{\pi\tan^2\beta}{(\delta-z)^2}(y-\mu)^2\right] \mathrm{d}\mu\mathrm{d}\delta$$

$$S_4(y,z) = \int_{a_4}^{b_4} \int_{c_4}^{d_4} \frac{\tan\beta}{\delta-z} \exp\left[-\frac{\pi\tan^2\beta}{(\delta-z)^2}(y-\mu)^2\right] \mathrm{d}\mu\mathrm{d}\delta$$

$$- \int_{e_4}^{f_4} \int_{g_4}^{h_4} \frac{\tan\beta}{\delta-z} \exp\left[-\frac{\pi\tan^2\beta}{(\delta-z)^2}(y-\mu)^2\right] \mathrm{d}\mu\mathrm{d}\delta$$

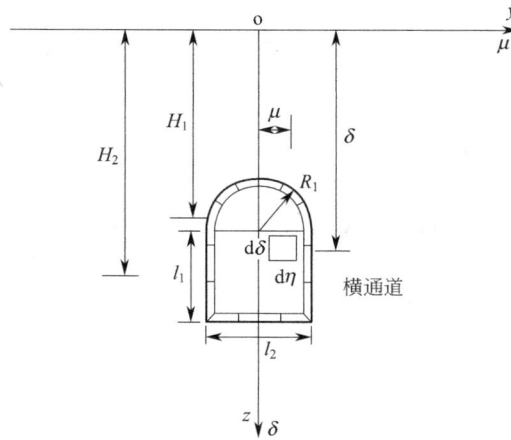

图 3-5 横通道位置示意图

其中半圆形横截面部分的积分上下限 a_3、b_3、c_3、d_3、e_3、f_3、g_3、h_3 取值分别为：

$H_1-\dfrac{4}{3\pi}R_1$、$H_1+\dfrac{4}{3\pi}R_1$、$-\sqrt{R_1^2-(H_1-\delta)^2}$、$\sqrt{R_1^2-(H_1-\delta)^2}$、$H_1-(R_1-2\Delta R_1)$、

H_1+R_1、$-\sqrt{(R_1-\Delta R_1)^2-(\delta-H_1+\Delta R_1)^2}$、$\sqrt{(R_1-\Delta R_1)^2-(\delta-H_1+\Delta R_1)^2}$。

矩形横截面部分的积分上下限 a_4、b_4、c_4、d_4、e_4、f_4、g_4、h_4 取值分别为：

$H_2-\dfrac{1}{2}l_1$、$H_2+\dfrac{1}{2}l_1$、$-\sqrt{l_2^2-(H_2-\delta)^2}$、$\sqrt{l_2^2-(H_2-\delta)^2}$、$H_2-(l_1-2\Delta l_1)$、

H_2+l_1、$-\sqrt{(l_2-\Delta l_2)^2-(\delta-H_2+\Delta l_2)^2}$、$\sqrt{(l_2-\Delta l_2)^2-(\delta-H_2+\Delta l_2)^2}$。

则双线主隧道和横通道施工完成造成的地表最终沉降为 $S(x,y,z)=S_1(x,z)+S_2(x,z)+S_3(y,z)+S_4(y,z)$，但上述计算方法显然不够准确计算地表最终沉降，横通道施工造成的地表沉降必然受到既有主隧道的影响，简单采用叠加原理计算双线主隧道和横通道施工完成造成的地表最终沉降显然不能满足准确性的需要，因此本书考虑到横通道施工过程中的既有主隧道加固作用，对土体强度、土体体积损失率等指标进行二次校核，对横通道施工产生的地表沉降公式进行如下修正：

$$S_3(y,\ z)=\int_{a_3}^{b_3}\int_{c_3}^{d_3}\frac{\tan\beta_1}{\delta-z}\exp\left[-\frac{\pi\tan^2\beta_1}{(\delta-z)^2}(y-\mu)^2\right]\mathrm{d}\mu\mathrm{d}\delta$$

$$-\int_{e_3}^{f_3}\int_{g_3}^{h_3}\frac{\tan\beta_1}{\delta-z}\exp\left[-\frac{\pi\tan^2\beta_1}{(\delta-z)^2}(y-\mu)^2\right]\mathrm{d}\mu\mathrm{d}\delta$$

$$S_4(y,\ z)=\int_{a_4}^{b_4}\int_{c_4}^{d_4}\frac{\tan\beta_1}{\delta-z}\exp\left[-\frac{\pi\tan^2\beta_1}{(\delta-z)^2}(y-\mu)^2\right]\mathrm{d}\mu\mathrm{d}\delta$$

$$-\int_{e_4}^{f_4}\int_{g_4}^{h_4}\frac{\tan\beta_1}{\delta-z}\exp\left[-\frac{\pi\tan^2\beta_1}{(\delta-z)^2}(y-\mu)^2\right]\mathrm{d}\mu\mathrm{d}\delta$$

$$S(x,y,z)=S_1(x,z)+S_2(x,z)+S_3(y,z)+S_4(y,z)$$

式中，待定系数包括双线主隧道同时施工造成的隧道变形 ΔR 与地层影响角 $\tan\beta$ 以及横通道施工造成的隧道变形 ΔR_1、Δl_1、Δl_2 与地层影响角 $\tan\beta_1$。

3.3　沉降公式精确性分析

为验证主隧道和横通道联合施工引起的地表变形三维预测公式的可靠性，采用某横通道施工现场监测数据进行对比验证。具体验证思路为：对现场监测数据进行反分析得到所需参数，通过高斯-勒让德数值积分方法计算得出该工况下的地表沉降数值，进而比较理论计算值与现场监测数据的误差大小来进行精确性分析。

以哈尔滨某地铁横通道施工工程为例，既有主隧道工程为盾构平行隧道，覆土厚度为10.6m，盾构区间隧道均采用装配式钢筋混凝土管片衬砌，管片外径 $\phi6000$mm，内径 $\phi5400$mm，厚300mm，环宽1.2m，管片分块为 $5+1$，其中包括3块标准块 $+2$ 块邻接块 $+1$ 块封顶块，两隧道中心距离为14.6m，左线里程为 ZCK16$+$89.226~16$+$849.813，长度为759.450m，右线里程为 YCK16$+$148.226~16$+$849.813，长度为701.587m。横通道位置为 CK16$+$410.0（中心里程），开挖跨度/长度为 $3.2\times4.28/8.051$。为控制地表沉降过大对既有建筑物的影响，在横通道轴线正上方及左右两侧共布置5条测线，相邻测量点间隔6m，同时沿着主隧道轴线方向设置7条测线，现选取埋设里程为 CK16$+$416.0和 CK16$+$422.0处的监测数据进行反参数分析，各测点数据如表3-1和表3-2所示：

里程 CK16$+$416.0 处地表沉降测点监测值　　　　　　　　表3-1

后视点编号	2号点	3号点	4号点	5号点	6号点
测点主隧道中线距离(m)	-7.3	-3.5	0	2.7	7.3
测点沉降值(mm)	-10.4	-9.4	-8.6	-9.7	-10.3

里程 CK16$+$422.0 处地表沉降测点监测值　　　　　　　　表3-2

后视点编号	2号点	3号点	4号点	5号点	6号点
测点主隧道中线距离(m)	-7.3	-3.5	0	2.7	7.3
测点沉降值(mm)	-9.7	-8.8	-8.0	-8.5	-9.3

基于上述监测点沉降值，对沉降预测模型的参数进行反分析，则目标函数为 $F(\Delta R,$

$\beta,\Delta R_1,\Delta l_1,\Delta l_2,\beta_1)$，$F(\Delta R,\beta,\Delta R_1,\Delta l_1,\Delta l_2,\beta_1)=[S(-7.3,6,0)-0.0104]^2+$
$[S(-3.5,6,0)-0.0094]^2+[S(0,6,0)-0.0086]^2+[S(3.5,6,0)-0.0097]^2+$
$[S(7.3,6,0)-0.00103]^2+[S(-7.3,12,0)-0.00097]^2+[S(-3.5,12,0)-0.00088]^2+$
$[S(0,12,0)-0.00080]^2+[S(3.5,12,0)-0.00085]^2+[S(7.3,12,0)-0.00093]^2$，使得
目标函数取得极小点即可得到相应的参数值，通过反分析可得隧道收敛：$\Delta R=9.85$mm、
$\Delta R_1=6.37$mm、$\Delta l_1=6.04$mm、$\Delta l_2=6.21$mm，地层影响角正切值 $\tan\beta=0.9004$，
$\tan\beta_1=0.8632$。

根据反计算得出的参数模型，现选取埋设里程为 CK16＋410.0 处的监测数据进行准确性分析，理论计算曲线和实测值对比如图 3-6 所示，相对误差如表 3-3 所示。由图可知：①地表沉降预测模型能够较好地反映出主隧道和横通道开挖造成的地表沉降趋势，与实测值比较接近。由表可知，对比理论预测值和现场实测值，相对误差大多在 10% 左右，最大相对误差不超过 14.6 %，由此可见采用随机介质理论推导出的地表沉降预测公式具有相当高的精确度。②理论预测模型为理想状态，做了简化，如假设岩土体为各向同性，所以实际监测数据与理论预测本身就存在一定差异。

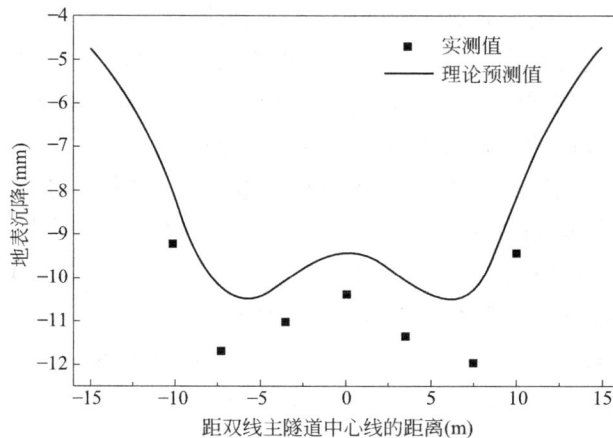

图 3-6　主隧道开挖后的地表沉降

三维预测模型预测值与实测值对比　　　　　　　　　　　　　　　表 3-3

后视点编号	1 号点	2 号点	3 号点	4 号点	5 号点	6 号点	7 号点
至主隧道中线距离(m)	−10.0	−7.3	−3.5	0	2.7	7.3	10.0
测点沉降实测值(mm)	−9.20	−11.7	−11.0	−10.4	−11.4	−12.0	−9.45
测点沉降预测值(mm)	−8.07	−10.96	−10.14	−9.05	−10.14	−10.96	−8.07
相对误差	12.3%	6.3%	7.8%	13.0%	11.1%	8.7%	14.6%

3.4　本章小结

基于随机介质原理，推导出了一种准确度较高的多次施工引起地层变形的三维预测公式，并通过哈尔滨地铁横通道的现场监测数据验证了理论预测的精确性，得到了以下

结论：

（1）推导的主隧道和横通道施工引起的地表变形预测公式是基于随机介质理论，采用各隧道开挖引起的地表变形叠加原理，同时考虑横通道施工过程中的既有主隧道加固作用，对土体强度、土体体积损失率等指标进行二次校核。

（2）由于沉降预测公式中含有隧道变形和地层影响角等多个待定系数，需要基于现场实测数据进行反参数分析，得到相应待定参数。

（3）地表沉降预测模型能够较好地反映出主隧道和横通道开挖造成的地表沉降趋势，与实测值比较接近，相对误差大多在10％左右，最大相对误差不超过14.6％，采用随机介质理论推导出的地表沉降预测公式具有相当高的精确度。

第四章 地铁横通道交叉空间结构施工力学分析

4.1 数值计算软件

FLAC 3D (Fast Lagrangian Analysis of Continual in 3 Dimensions) 是 20 世纪 90 年代中期开发的三维有限差分法软件，该程序可用来模拟三维土体和结构的相互作用，无需进行反复迭代来实现非线性本构关系，广泛地应用于岩土工程、结构工程、水工结构工程、石化工程和环境工程等多个领域。FLAC/FLAC 3D 采用的显式算法，为不稳定物理过程提供稳定解，其计算过程如图 4-1 所示，首先，基于应力和外力，采用运动方程得出新的位移和速度，再由求解的速度导出应变率，从而由导出的应变率求解新的力或应力。当确定节点的力或应力后，对周围各网点引起的力求和，从而得到节点不平衡力（周边单元对节点所产生的合力）。当最大不平衡力小于所设定的收敛限值时，即会停止计算循环[105]。

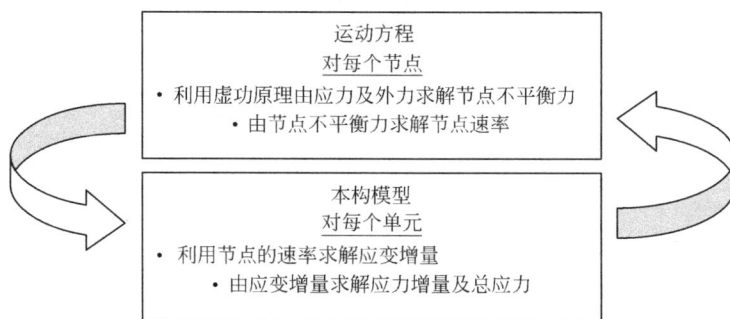

运动方程
对每个节点
- 利用虚功原理由应力及外力求解节点不平衡力
- 由节点不平衡力求解节点速率

本构模型
对每个单元
- 利用节点的速率求解应变增量
- 由应变增量求解应力增量及总应力

图 4-1 有限差分数值计算过程图

4.2 现场施工技术简介

哈尔滨地铁区间的主隧道左右线均采用土压平衡盾构（EPB）建造，该盾构隧道外径为 6.0m，内径为 5.4m，隧道埋深为 9m。隧道管片由 6 块拼装而成，管片宽度为 1m，隧道埋深为 9m。在 CK25+300 处设有一个横通道，盾构施工时在横通道相应位置安装特殊管片，横通道开挖前先设置管片支承钢架，然后破除洞门，根据地质情况采用暗挖法施工，矿山法开挖，复合式衬砌，长度为 10m，开挖断面宽度为 3m，最大高度为 4.3m，衬砌厚度为 0.2m。衬砌采用 C30 喷射混凝土，二次衬砌采用 C30 模筑钢筋混凝土，抗渗等级 P10；在初支和二衬之间设置防水层，采用单层土工布缓冲层与 PVC 防水板。隧道衬砌用组合钢模板和简易台架进行混凝土浇筑。岩土体自上而下分别为：素填土、强风化花岗岩、中风化花岗岩，隧道断面如图 4-2 所示。

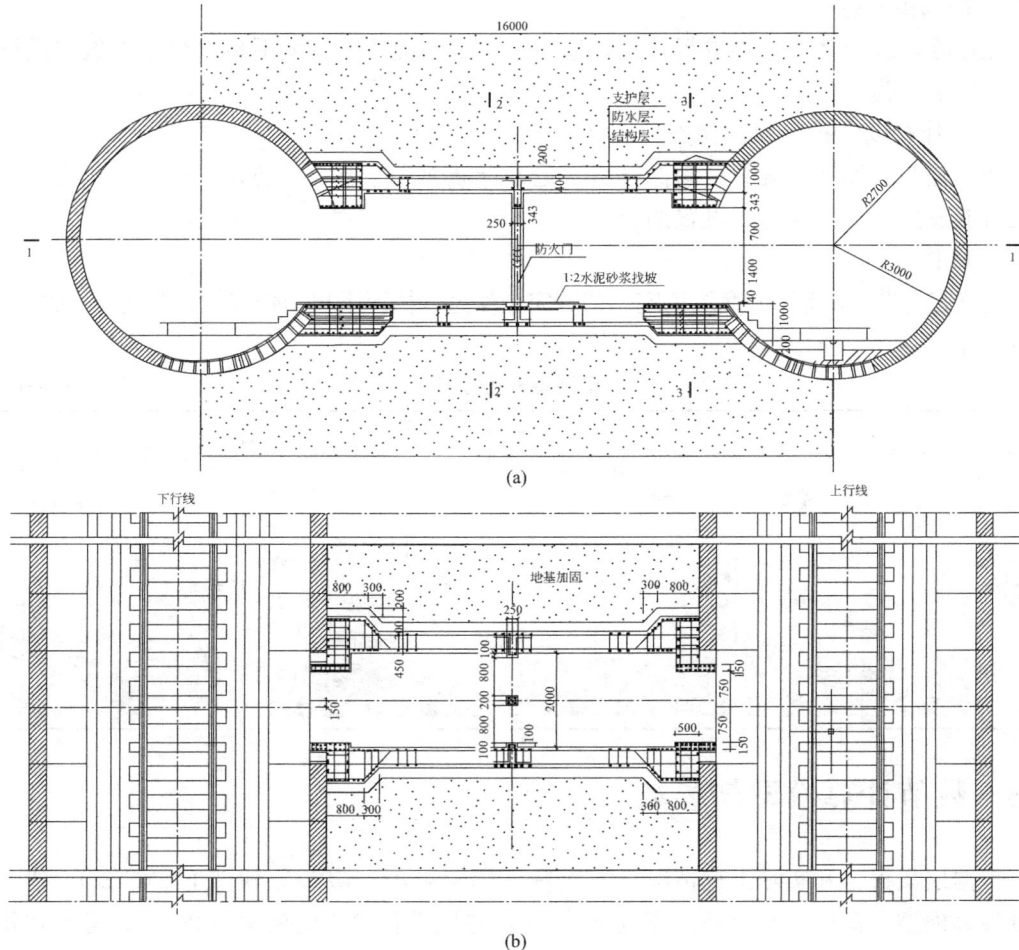

图 4-2　横通道结构剖面图
（a）横剖面图；（b）纵剖面图

1. 地质调查

研究所选线的地形、地质结构、岩性、断层和风化断裂带的地质和地貌条件。为了计算岩体的工程特性，对围岩进行分类，检查施工地铁线路是否紧邻建筑物或其他现有建筑物，从而解决设计和施工中的具体工程地质问题。

2. 设计

包括隧道位置的选择，隧道纵断面和断面的设计、围岩压力、岩体的力学行为，隧道支护结构的基本要求及其结构类型等。

3. 风险评估

地铁横通道工程施工环境复杂，施工组织难度大，操作安全隐患较高。在施工阶段建立风险评估体系，可以通过定性或定量的施工安全风险评估，提高安全风险意识，改善施工措施，规范预案预警和预控制管理，有效降低施工风险，严格预防重大事故。

4. 主隧道贯通与灌浆

为了防止渗漏和减少横通道施工中对主隧道的干扰，通常对待开挖区域进行预注浆加固。

5. 横通道开挖

先移除主隧道管片，再进行开挖，通常采用全断面开挖、上下台阶法或爆破法进行开挖，开挖步长为 1~3m。

6. 施作初期支护（简称初支）

初支是为确保施工安全，确保隧道满足设计断面尺寸要求，防止围岩进一步变形，并承受可能发生的各种载荷而设置的。

7. 施作二衬

初支完全受力，等围岩变形稳定、初支完全受力的情况下再施作二衬，与初支共同受力，见表 4-1。

横通道开挖顺序 表 4-1

顺序	1	2	3	4
示意图				

4.3 数值计算模型与参数

根据地质报告和实际工程情况，本次数值模拟采用有限差分软件 FLAC 3D，建立了三维计算模型，横通道开挖断面宽度 $B=3m$，主隧道和横通道夹角为 $90°$，并考虑到相关的尺寸效应，模型边缘到隧道边缘距离均大于 5 倍的洞径，底部边界至隧道底部距离大于 4 倍隧道高度，模型的最终尺寸如下：长度为 60m，宽度为 70m，高度为 47m。最终数值模型如图 4-3 所示，经过有限元网络划分为 83493 个单元和 78949 个节点。模型自上而下分别为：素填土、强风化花岗岩、中风化花岗岩。

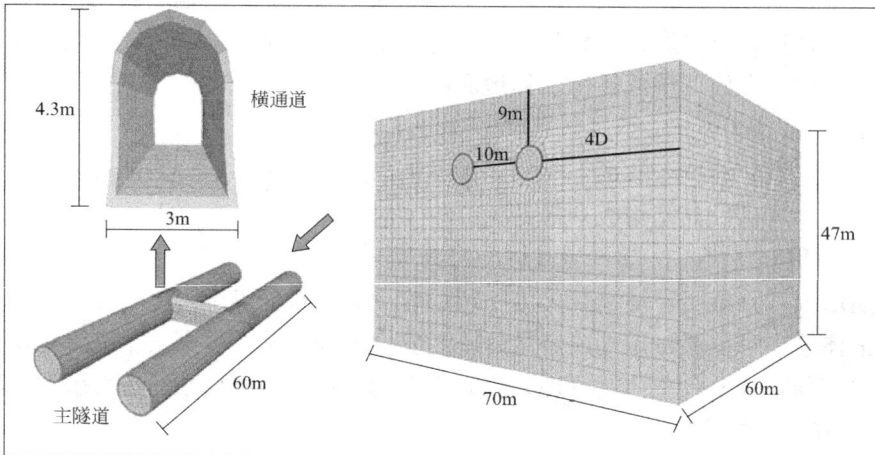

图 4-3 横通道数值计算模型

48

根据相关项目的地质勘探报告和相应的数值模拟经验选取了本次数值计算的材料参数，见表 4-2。

数值模拟模型材料参数　　　　　　　　　　　　　　　　表 4-2

材料	弹性模型（MPa）	泊松比	黏聚力（kPa）	内摩擦角（°）	重度（kg/m³）
素填土	13.5	0.35	10	15	1900
强风化花岗岩	184	0.28	20	29	2200
中风化花岗岩	200	0.25	45	35	2400
初期支护	8000	0.22	—	—	2500

结合表 4-2 中的弹性模量（E）和泊松比（ν），采用式（4-1）、式（4-2）得到了岩土体的体积模量（K）和剪切模量（G），见表 4-3。

$$K = \frac{E}{3(1-2\nu)} \tag{4-1}$$

$$G = \frac{E}{2(1+\nu)} \tag{4-2}$$

材料属性值　　　　　　　　　　　　　　　　表 4-3

材料	体积模量（MPa）	剪切模量（MPa）
素填土	45	5
强风化花岗岩	139.4	71.9
中风化花岗岩	1000	600
初期支护	4761.9	3278.7

4.4　数值计算方法

具体数值方法如下：

（1）边界条件：在模型的左、右、前、后边界设置法向方向位移约束，周围岩体顶部为自由面，在模型底部边界设置垂直位移约束。

（2）主隧道开挖方法：采用盾构法开挖，单步开挖距离 2m，共 30 个开挖步，两条主隧道同时开挖。

（3）横通道开挖方法：采用全断面开挖方法，单步开挖距离 2m。左主隧道衬砌的移除作为开挖步 1；土体开挖和初期支护的施加分为 5 个开挖步，右主隧道衬砌的移除作为开挖步 7。

（4）通过自重施加重力载荷，使用 Mohr-Coulomb 模型计算重力应力。

（5）岩土体采用实体单元进行模拟，主隧道和横通道的衬砌管片采用壳单元进行数值模拟。

4.5　数值计算验证

采用第三章理论预测公式和现场沉降监测数据，对本次数值模拟结果的可靠性进行验证。由于隧道的开挖，使得隧道正上方土体由于应力场的改变而产生沉降，影响显著的区域一般在 2 倍隧道开挖直径范围内，地表沉降监测点沿主隧道每 10m 布置一个测量断面，每一个测量断面在双线主隧道外侧 5m 范围内布设测点，每一个测量断面的测点间距为 4m，横通道轴线正上方测量断面的点位布置图详见图 4-4。

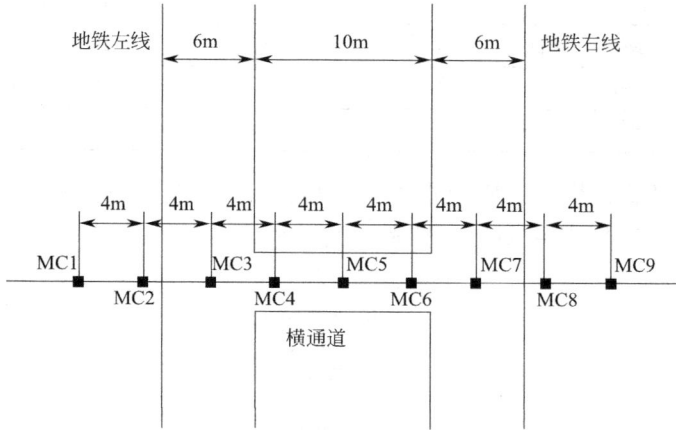

图 4-4　横通道轴线正上方地表沉降测点图

数值模拟结果和现场监测数据、理论预测的结果对比如图 4-5 所示，由图可知：①数值模拟结果、现场监测数据和理论预测结果曲线的变化趋势相近，基本吻合，均是在主隧道的中心线正上方取得地表最大沉降值，随着与主隧道中心线距离的增大，沉降值逐渐减小，在双线主隧道的内侧，存在叠加效应，双线主隧道内侧正上方的地表沉降值大于同等距离下的主隧道外侧正上方地表沉降；②由于横通道开挖方向为单侧开挖，所以现场实测沉降曲线和数值模拟沉降曲线中的左线隧道正上方地表沉降略大于右线隧道正上方地表沉降值，而在理论预测模型中，由于未考虑这一点，沉降曲线是对称的；③由于实际施工过程中存在较大的偶然因素，故图中现场实测的沉降值均略大于数值模拟值，数值模拟值和

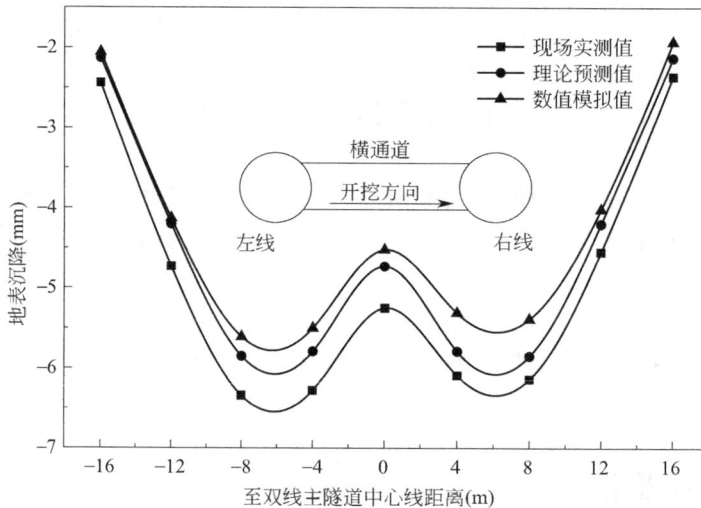

图 4-5　数值模拟与现场实测和理论预测的对比曲线

现场实测值误差最大为 15.5%，在误差允许范围内。综上所述，该数值模拟计算方法可行，计算结果具有较高的准确性。

4.6　施工机理分析

4.6.1　位移分析

1. 主隧道开挖完成

主隧道开挖完成后的初始位移云图如图 4-6 所示，由图可知，在主隧道开挖后，云图基本上是对称的，隧道顶部的最大沉降达到 9.41mm，然而由于埋深达到 9m，岩层将消耗部分沉降，地表的沉降为 5.06mm，位移云图具有靠近中间的趋势。

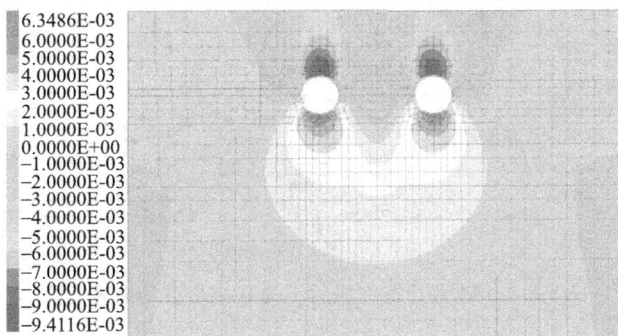

图 4-6　主隧道开挖完成后的初始位移

设置特征点以分析施工期间的地表沉降，沿两条主隧道中间等距离设置 11 个观测点到两侧，每个点的沉降趋势如图 4-7 所示。由图可知，地表沉降曲线呈"W"形，左右隧道的正上方地表有最大沉降值，最大值达到了 5.06mm，同时可以看出，当距离双线主隧道中心线距离达到 15m（2.5D，D 为主隧道外径，下同），地表沉降减小到了 2.00mm，比隧道轴线最大沉降值相比，减少了 3.06mm，降幅为 60.47%。

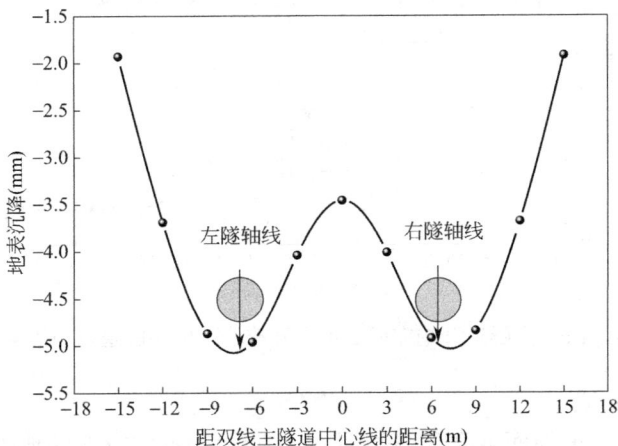

图 4-7　主隧道开挖后的地表沉降

不同开挖步下的地表沉降如图 4-8 所示，由图可知，当开挖步小于 10 时，曲线变化更为平缓，此时，沉降占总沉降量的 5%，主要是由应力场的变化引起的。当挖掘到步骤 10（即距离测量点－1.5D，D 是主隧道的外径，下同）时，沉降变化率急剧增加，曲线急剧下降，主要是由于边界条件开挖而发生变化，因此围岩的应力场重新分布，导致发生垂直方向的位移，这一阶段开挖引起的沉降约占总沉降量的 88%。当掌子面开挖到步骤 20（远离测量点 1.5D）时，沉降变化率降低，曲线趋于平稳。

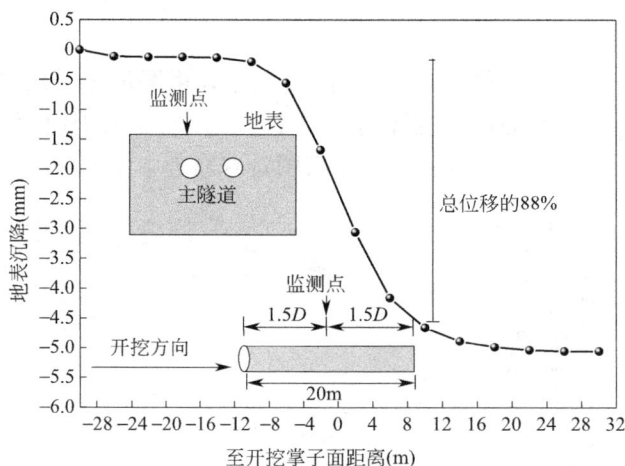

图 4-8　主隧道开挖完成后不同开挖步下的地表沉降

不同开挖步骤下的主隧道拱顶沉降如图 4-9 所示。由图可知，隧道拱顶的沉降趋势与地表沉降一致，明显不同的是隧道拱顶沉降主要集中在 12～18 步，沉降曲线也更陡峭，这主要是由于隧道拱顶比地表更靠近开挖掌子面，更易受到开挖影响。

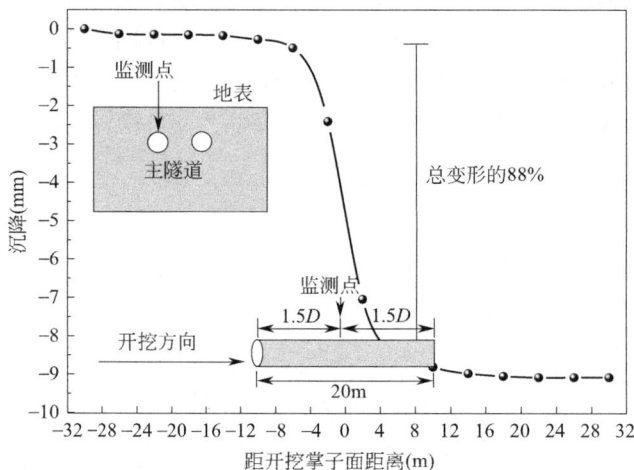

图 4-9　主隧道开挖完成后不同开挖步下的主隧道拱顶沉降

2. 横通道开挖完成

横通道施工完成后的地面沉降云图如图 4-10 所示，不同方向的地表沉降曲线如图 4-11 所示。由图可知：①地表沉降最大值位于横通道轴线上方的地表，地表沉降曲线为"U"

形。②两条主隧道中心线的地表沉降与主隧道轴线相比有较大的变化,这主要是因为主隧道的整体性强。③在距离两条主隧道之间的中心线5m的位置处,地表具有最大沉降值,并且地表沉降的曲线是"W"形。由于横通道从左向右开挖,因此左侧的沉降大于右侧的沉降。④横通道开挖引起的地表沉降主要集中在两条主要隧道之间,最大沉降值为5.81mm,而主隧道施工后的地表沉降最大值为5.06mm,表明横通道的开挖将进一步增加地表沉降。

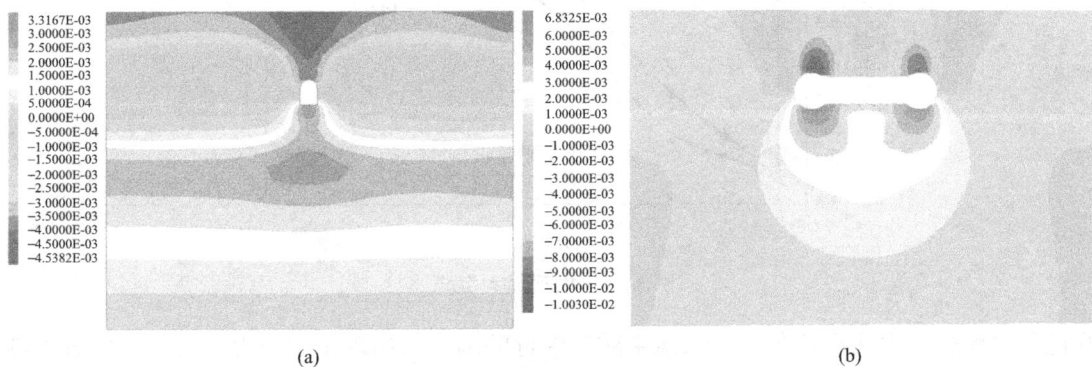

(a)　　　　　　　　　　　　　　　　　　　(b)

图 4-10　横通道开挖完成后地层沉降云图

(a) 沿横通道道轴线;(b) 沿主隧道中心线

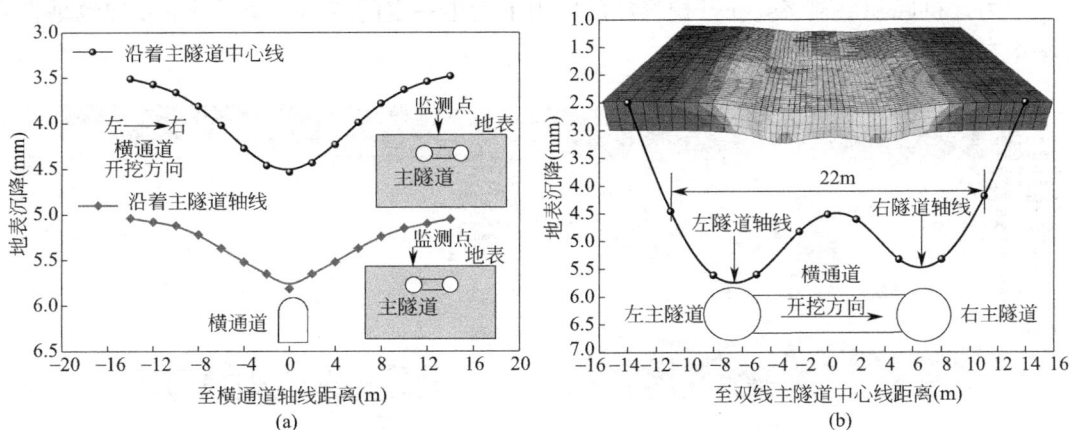

(a)　　　　　　　　　　　　　　　　　　　(b)

图 4-11　横通道开挖完成后地表沉降曲线

(a) 沿横通道道轴线;(b) 沿主隧道中心线

为了解横通道施工对主隧道沉降的影响,对不同的施工步骤进行了分析,如图4-12所示,由图可知,随着开挖的进行,左主隧道的最大拱顶沉降逐渐变大,而右主隧道的最大拱顶沉降在开挖步2之前缓慢增加,当横通道开挖掌子面逐渐靠近右线主隧道时,右线主隧道的最大拱顶沉降逐渐增大,由于横通道从左向右挖掘,左主隧道的沉降速率逐渐降低,同时可以看出,在横通道开挖完成后,左主隧道的拱顶最大沉降量大于右侧主隧道的拱顶。与步骤0(横通道开挖前)相比,左右主隧道的拱顶沉降分别增加了2.93mm和2.18mm。

4.6.2　应力分析

1. 主隧道开挖完成

初始垂直应力云图和主隧道开挖后的垂直应力云图如图4-13所示,由图可知,隧道

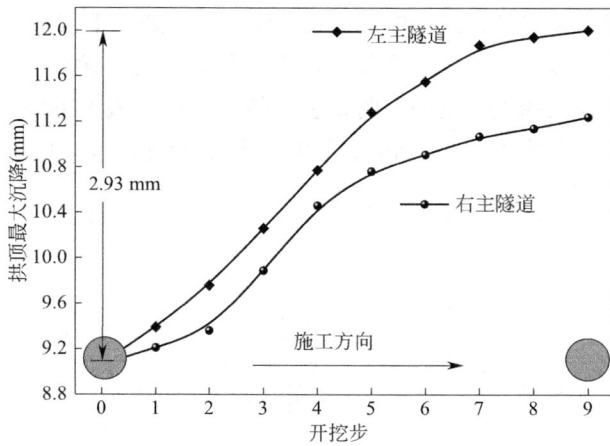

图 4-12　拱顶最大沉降

开挖引起地层应力场重新分布，双线主隧道附近的围岩将出现集中应力，同时可以看出隧道拱底和拱顶附近的围岩垂直应力小于相同埋深的围岩竖向应力，但拱腰附近区域的围岩竖向应力大于同等埋深的围岩竖向应力，这是因为主隧道承担了一部分由隧道开挖引起的释放应力，拱底和拱顶将会在开挖释放的应力下发生一定的变形，变形进一步导致垂直应力集中在拱腰。

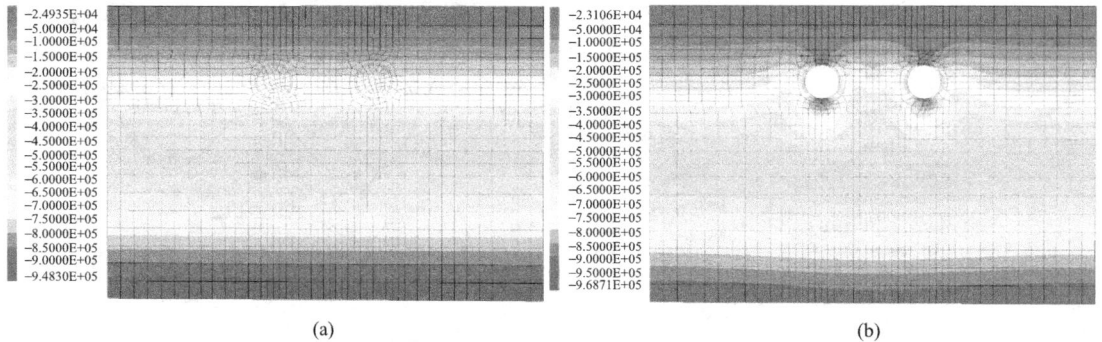

(a)　　　　　　　　　　　　　　　(b)

图 4-13　地应力云图
(a) 初始地应力；(b) 主隧道开挖完成后的地应力

2. 横通道开挖完成

横通道施工后主隧道衬砌的应力云图如图 4-14 所示，不同施工步骤下的应力值和最大值位置见表 4～表 6。可以看到以下特征：

(1) 在横通道开挖前，最大主应力值的最大值出现在主隧道顶部。开挖后，最大值出现在开口侧的底侧，当衬砌被移除时（开挖步 1），应力值减小，然后最大主应力值随着施工的进行逐渐增加。最终的最大主应力值为 0.26MPa，增加了 24%。

(2) 在横通道开挖前，最小主应力的最大值出现在主隧道的拱腰上。横通道开挖后，开口侧的两侧都存在最大值。当衬砌被移除时（开挖步 1），应力值大大增加。施加衬砌后，应力值下降。然后，随着施工的进行，最小主应力值逐渐增大，最终最小主应力值为 1.98MPa，增加了 52%。八面体剪切应力的变化规律与最小主应力相同，最终八面体剪切应力值为 0.91MPa，增加了 72%。

（3）横通道开挖对最小主应力和八面体剪应力的影响较大，对最大主应力的影响不大。横通道开挖增加了主隧道衬砌的最大主应力和最小主应力，进而增加了主隧道衬砌的剪应力。

（4）在横通道开挖时，应力重新分布发生在衬砌交叉部位，特别是在开口处，产生了由衬砌上部和下部都受拉的不利受力形式。因此应有效地对横通道和主隧道交叉部分进行加固，并在施工期间及时地施加衬砌。

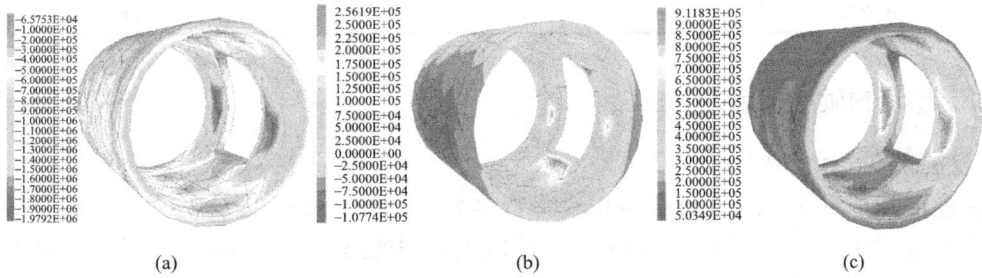

图 4-14　主隧道应力云图（Pa）
（a）最大主应力；（b）最小主应力；（c）八面体剪应力

主隧道的最大主应力（MPa）　　　　　　　　　　　　　　表 4-4

开挖步	拉应力	
	最大值	位置
初始	0.21	拱顶
开挖步 1	0.19	开口侧的底部
开挖步 3	0.20	开口侧的底部
开挖步 5	0.25	开口侧的底部
开挖步 7	0.25	开口侧的底部
开挖步 9	0.26	开口侧的底部

主隧道的最小主应力（MPa）　　　　　　　　　　　　　　表 4-5

开挖步	压应力	
	最大值	位置
初始	1.30	开口的另一侧拱腰
开挖步 1	1.84	开口侧拱腰
开挖步 3	1.71	开口侧拱腰
开挖步 5	1.93	开口侧拱腰
开挖步 7	1.97	开口侧拱腰
开挖步 9	1.98	开口侧拱腰

主隧道的八面体剪应力（MPa） 表 4-6

开挖步	八面体剪应力	
	最大值	位置
初始	0.53	开口的另一侧拱腰
开挖步 1	0.81	开口侧拱腰
开挖步 3	0.78	开口侧拱腰
开挖步 5	0.88	开口侧拱腰
开挖步 7	0.91	开口侧拱腰
开挖步 9	0.91	开口侧拱腰

4.6.3 隧道衬砌结构受力分析

1. 主隧道开挖完成

主隧道开挖后的主隧道衬砌结构受力极坐标图如图 4-15、图 4-16 所示，由图可知，在主隧道施工期间，对主隧道结构安全产生较大影响的是横向弯矩和纵向轴力，轴力和弯矩的最大值集中在隧道两侧拱腰，拱腰的横向弯矩和纵向弯矩最大值分别为 5.51kN·m 和 12.01kN·m，拱腰的横向轴力和纵向轴力最大值分别为 −555.5kN 和 −387.3kN。主隧道施工造成的拱顶和拱底弯矩均为负弯矩，主隧道施工造成的衬砌全结构均出现负轴力，拱顶和拱底的轴力较小。

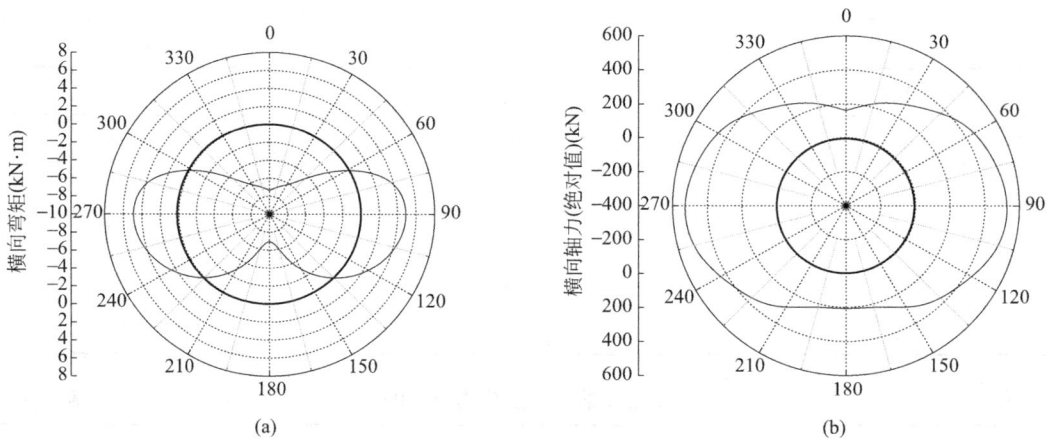

图 4-15　主隧道横向受力图
（a）横向弯矩；（b）横向轴力

2. 横通道开挖完成

主隧道开挖后的主隧道衬砌结构受力极坐标如图 4-17、图 4-18 所示，由图可知，随着转换开挖角度（90°）进入横通道施工后，拱顶的横向弯矩由 −7.35kN·m 增加到了 −12.67kN·m，增幅 72%，拱顶的纵向弯矩由 −20.85kN·m 增加到了 −45.87kN·m，增幅 120%，可见横通道开挖施工对交叉部结构的拱顶安全产生最不利影响为纵向内力及其变化。拱腰的横向弯矩由 5.51kN·m 增加到了 13.78kN·m，增幅 150%，拱腰的纵向弯矩由 12.01kN·m 增加到了 20.56kN·m，增幅 71%，可见横通道开挖施工对交叉部结构的拱腰安全产生最不利影响为纵向内力及横向内力变化。在纵向和横向内力共同作用下，横通道交叉部衬砌结构受力将会变得更复杂且对结构安全十分不利。

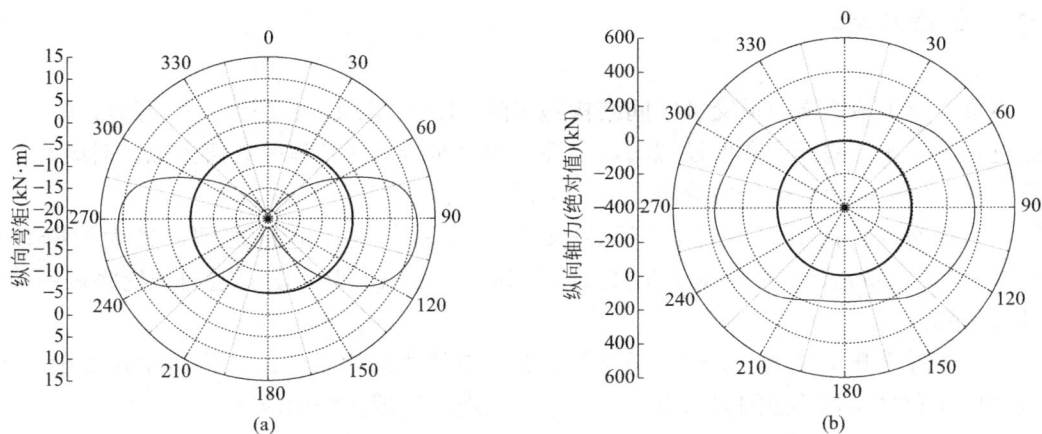

图 4-16　主隧道纵向受力图

（a）纵向弯矩；（b）纵向轴力

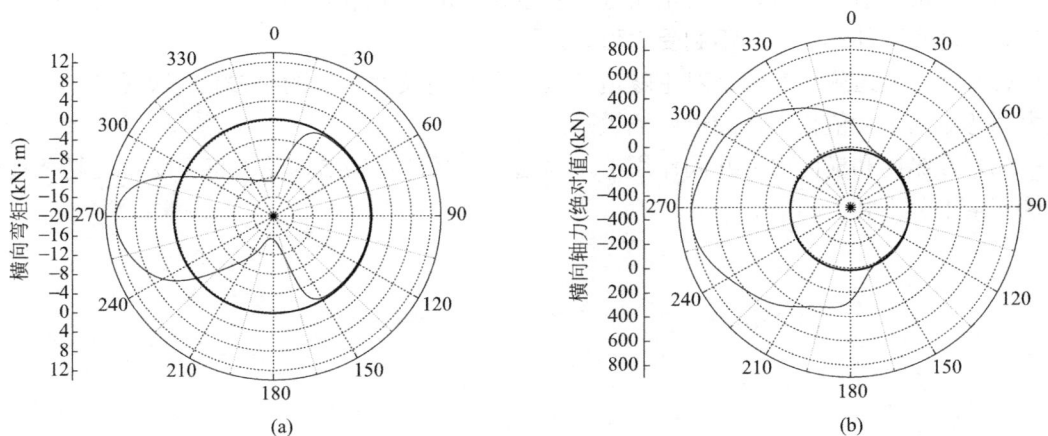

图 4-17　主隧道横向受力图

（a）横向弯矩；（b）横向轴力

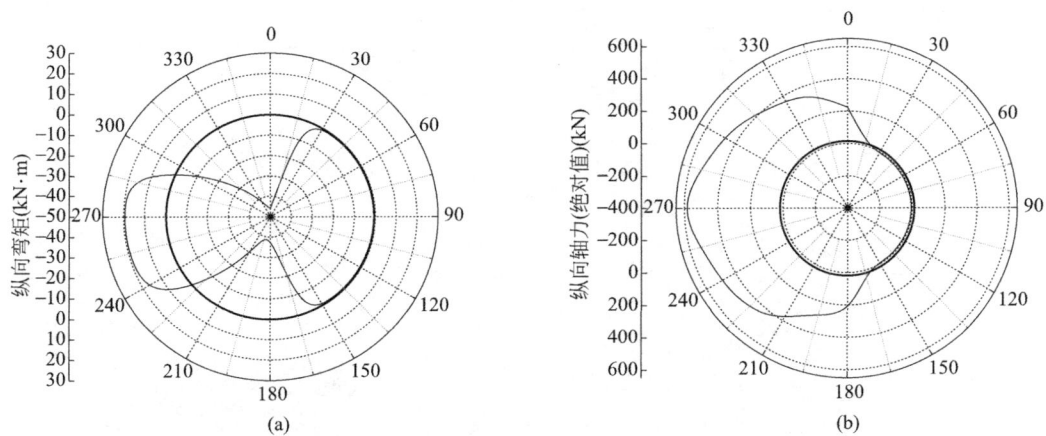

图 4-18　主隧道纵向受力图

（a）纵向弯矩；（b）纵向轴力

4.7 本章小结

本章介绍了地铁横通道交叉空间结构施工的 FLAC 3D 数值模拟方法，并与现场监测数据进行了对比，验证了数值模拟的可靠性，通过对所依托工程的数值模拟，对既有结构位移、衬砌应力以及衬砌受力分析，得到了以下结论：

（1）横通道开挖引起的地表沉降主要集中在两条主要隧道之间，最大沉降值为 5.81mm，而主隧道施工后的地表沉降最大值为 5.06mm，表明横通道的开挖将进一步增加地表沉降。

（2）主隧道开挖引起地层应力场重新分布，双线主隧道附近的围岩将出现集中应力，主隧道拱底和拱顶附近的围岩垂直应力小于相同埋深的围岩竖向应力。

（3）横通道开挖对最小主应力和八面体剪应力的影响较大，对最大主应力的影响不大。

（4）在横通道开挖时，应力重新分布发生在衬砌交叉部位，特别是在开口处，产生了由衬砌上部和下部都受拉的不利受力形式。

（5）在主隧道施工期间，对主隧道结构安全产生较大影响的是横向弯矩和纵向轴力，轴力和弯矩的最大值集中在隧道两侧拱腰。

（6）在纵向和横向内力共同作用下，横通道交叉部衬砌结构受力将会变得更复杂且对结构安全十分不利。

第五章　地铁横通道的施工与设计参数敏感性分析

横通道施工工程中，既有主隧道的变形和受力规律所受影响因素很多，各影响因素的作用规律也比较复杂。故本章采用数值模拟的方法，以某地铁横通道施工工程为依托，对横通道与主隧道夹角、主隧道间距、主隧道覆土厚度、施工工法 4 个因素对既有主隧道变形和受力的影响规律及敏感性进行分析对比。

采用 FLAC 3D 软件构建数值模型，假定模型地层内土体为均质、各向同性且呈现水平状分布，忽略土体的蠕变效应以及地下水的存在，考虑盾壳、应力释放等因素对盾构掘进过程的影响，采用 Mohr-Column 本构模型，应用 FLAC 3D 软件中的动态运动方程来模拟盾构的掘进过程。

5.1　横通道与主隧道夹角

为考虑不同交叉角度下，横通道施工对既有主隧道的影响，选取 4 种不同交叉角度下的工况进行建模分析，具体的工况参数见表 5-1，模型图见表 5-2。

不同交叉角度参数　　　　　　　　　　　　　　表 5-1

计算工况	覆土厚度(m)	交叉角度	主隧道类型	横通道施工方法
1	9	45°	盾构隧道	全断面开挖
2	9	60°	盾构隧道	全断面开挖
3	9	75°	盾构隧道	全断面开挖
4	9	90°	盾构隧道	全断面开挖

不同交叉角度模型　　　　　　　　　　　　　　表 5-2

计算工况	工况 1	工况 2	工况 3	工况 4
模型				

不同交叉角度工况下的地表沉降云图如图 5-1 所示，由图可知：在不同下穿角度下，

地表的沉降值都大致分布在主隧道和横通道上方地表附近，且交叉角度越小，蓝色区域分布越大，即地表不均匀沉降越小，这主要是由于角度越小，交叉影响区域的面积越大，当交叉角度大于45°时，横通道与主隧道的交叉影响的区域面积开始趋于稳定，变化不大，且相比于交叉角度为45°的情形时，交叉影响区域的面积也在快速减小，此时地表的最大沉降值要小于交叉角度为45°的情形，且最大沉降值的变化范围大大缩小，趋于稳定，散落在5.81mm左右。

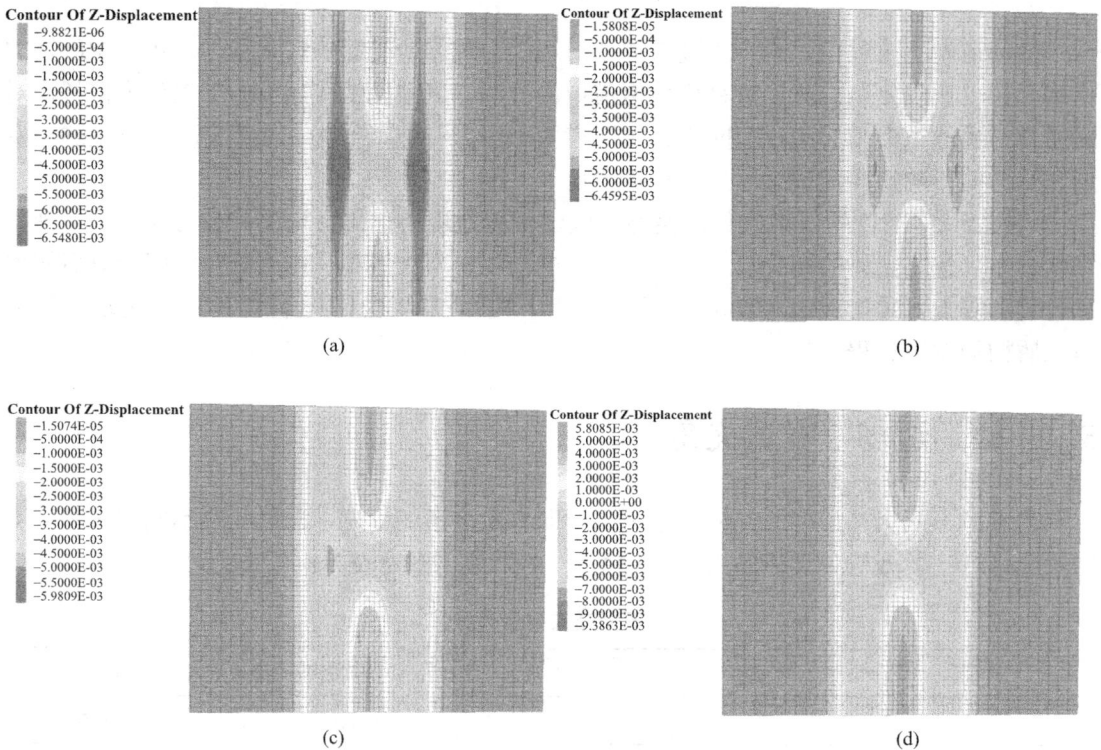

图5-1 不同交叉角度下的地表沉降云图
(a) 交叉角度为45°；(b) 交叉角度为60°；(c) 交叉角度为75°；(d) 交叉角度为90°

图5-2为不同交叉角度下的地表和横通道最大沉降曲线，图5-3为主隧道在不同交叉角度下的变化规律。由图5-2可知，横通道拱顶沉降随着交叉角度的增加而减小，且线性相关关系显著。与此类似的是，主隧道最大沉降和收敛值也随着交叉角度的增加而减小。由图5-3 (a) 可知，主隧道沉降和收敛均是在交叉角为45°的时候取得最大值，在交叉角为90°的时候取得最小值，主隧道沉降的变化率为9.6%，而主隧道收敛的变化率为16.3%。由此可见交叉角度对主隧道的水平收敛影响较大。

由图5-3 (b) 可知，主隧道的最大主拉应力和最小主压应力的最大值也随着交叉角度的增大而减小，但交叉角度为75°和90°情况下的主应力变化不大，趋于稳定，这主要是由于随着交叉角度的增加，交叉影响区域的面积在快速减小，对既有主隧道的扰动也在减小，但当交叉角度大于75°时，横通道与主隧道的交叉影响的区域面积开始趋于稳定，变化不大，故施工引起的主隧道的主应力也在趋于稳定。

图5-4为不同交叉角度下的主隧道内力变化曲线，由图可知：不同交叉角度对主隧道

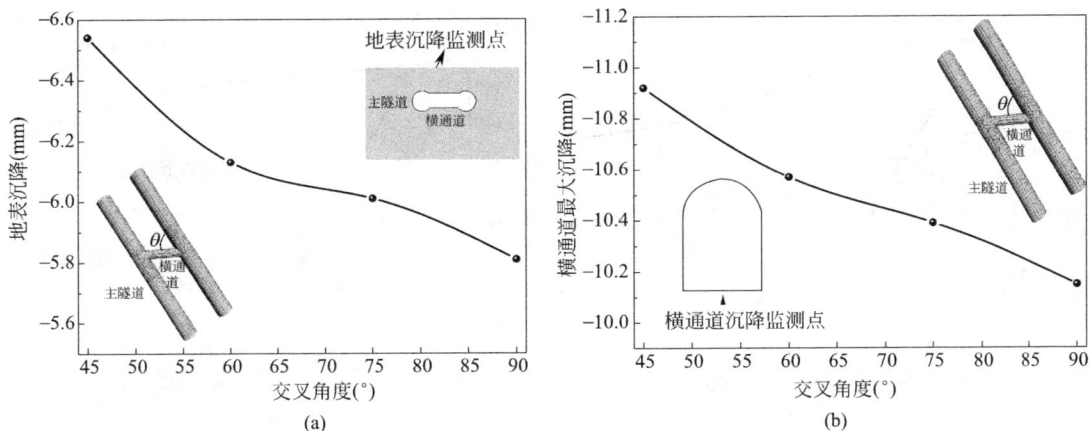

图 5-2　不同交叉角度下的地表和横通道沉降

（a）地表；（b）横通道

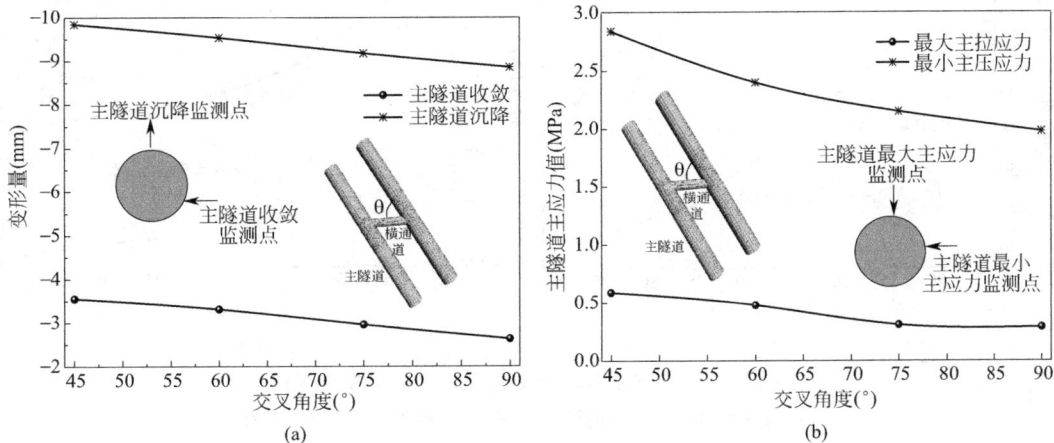

图 5-3　主隧道在不同交叉角度下的变化规律

（a）变形；（b）应力

纵向内力的影响要大于横向内力，主隧道拱顶横向弯矩和横向轴力与交叉角度呈现线性变化，横通道与主隧道的交叉角度在 45°～60°时，纵向内力曲线非常陡峭，说明在此范围内，既有隧道的纵向内力对于交叉角度非常敏感，交叉角度越大，既有隧道的内力值越小。当新建隧道中心间距大于 75°时，既有隧道拱顶和拱腰的最大内力曲线开始趋于平缓，说明当既有隧道与横通道交叉角大于 75°时，其角度的增加对于减小既有隧道内力的效果已经不明显，当交叉角为 90°的正交夹角时，横通道施工对既有主隧道两侧边墙产生的内力呈现对称分布，相比于非正交情况下的非对称内力分布，受力更均匀，产生的影响更小。

综上所述，交叉角越大越好，接近直角最好。在实际施工设计当中，应尽量使新建横通道与既有主隧道交叉角保持一定的合理范围，减小横通道开挖对既有主隧道的叠加影响。

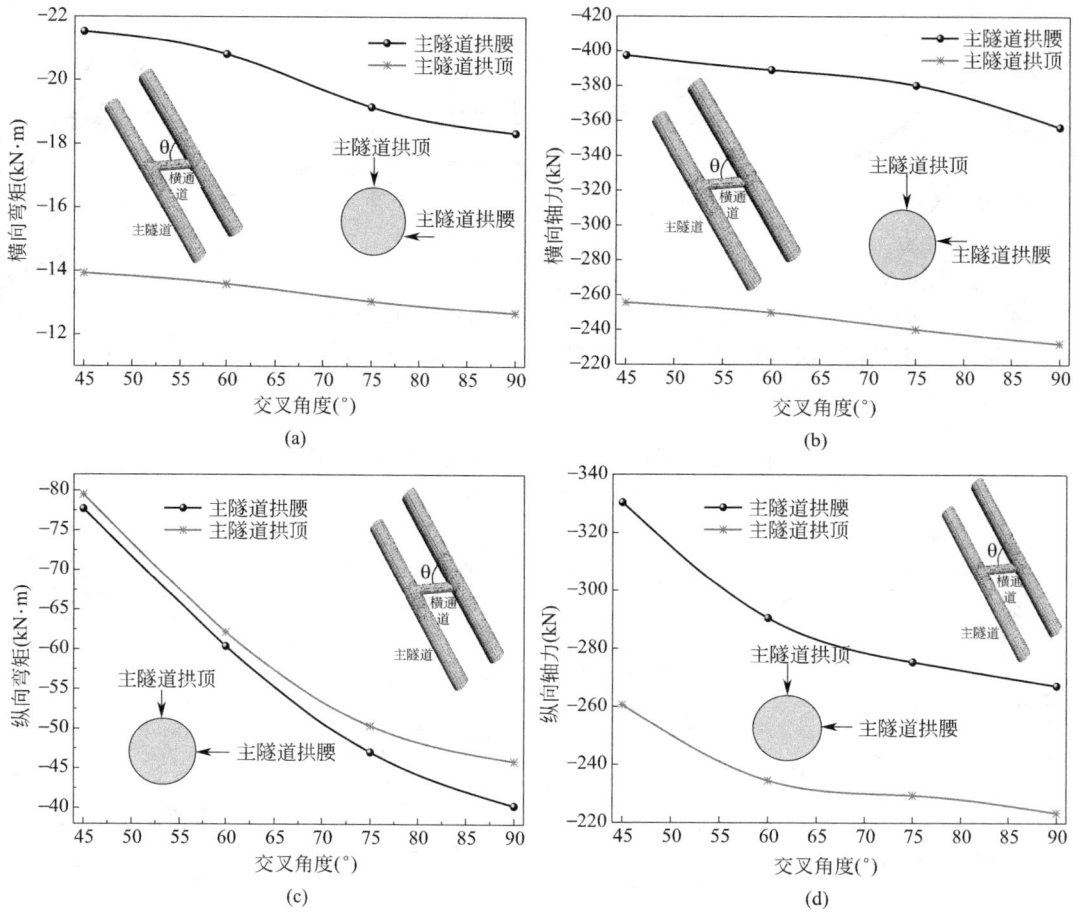

图 5-4 主隧道在不同交叉角度下的内力变化规律
（a）横向弯矩；（b）横向轴力；（c）纵向弯矩；（d）纵向轴力

5.2 主隧道净距

为考虑主隧道间不同净距下，横通道施工对既有主隧道的影响，选取 4 种不同净距下的工况进行建模分析，主隧道净距分别为 3m（0.5D）、6m（1.0D）、10m（1.7D）、12m（2.0D），其中 D 为主隧道外径，具体的工况参数见表 5-3，模型图见表 5-4。

不同交叉角度参数　　　　　　　　　　　　　　　　　　　　表 5-3

计算工况	覆土厚度（m）	主隧道净距（m）	主隧道类型	横通道施工方法
1	9	3	盾构隧道	全断面开挖
2	9	6	盾构隧道	全断面开挖
3	9	10	盾构隧道	全断面开挖
4	9	12	盾构隧道	全断面开挖

不同主隧道净距模型   表 5-4

净距	3m(0.5D)	6m(1.0D)	10m(1.7D)	12m(2.0D)
模型				

5.2.1 位移

既有主隧道开挖完成后，不同净距下地层的沉降云图如图 5-5 所示，由图可知，随着净距的减小，由两条平行主隧道的施工引起的地表沉降逐渐向中间移动，从而形成叠加效应，造成地表沉降增加。当净距为 2.0D 和 1.7D 时，主隧道开挖引起的最大地表沉降位于主隧道正上方，而 0.5D 和 1.0D 净距下的最大地表沉降位于两条主隧道中心线的正上方。

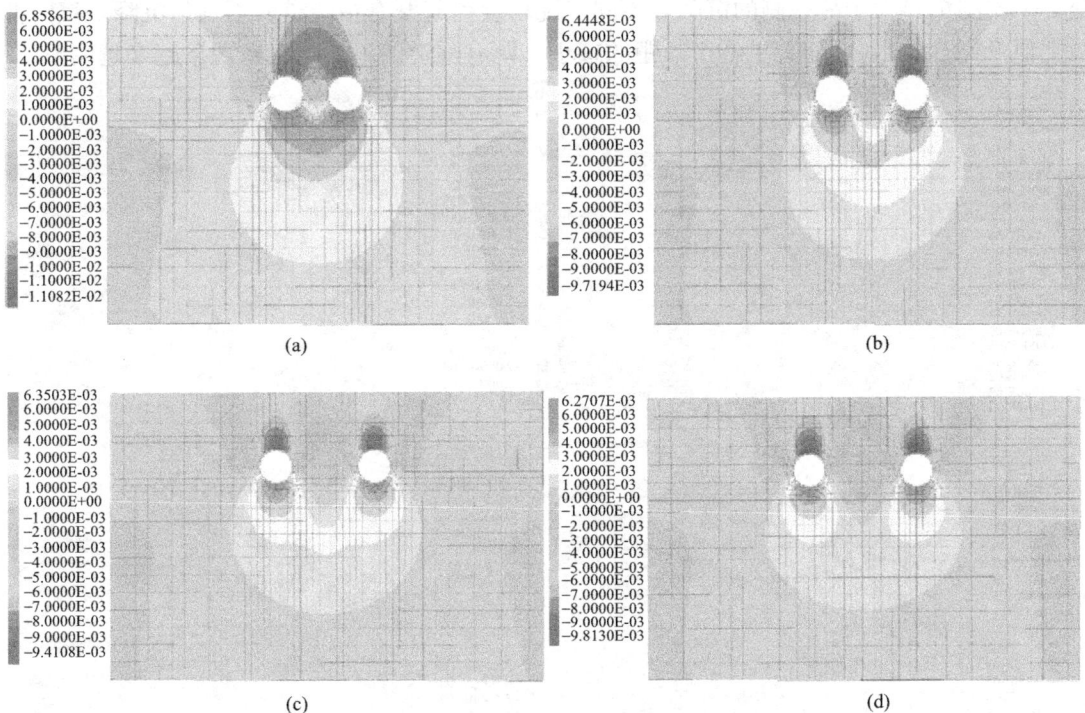

图 5-5 主隧道开挖完成后不同净距下的沉降云图
(a) 净距为 0.5D；(b) 净距为 1.0D；(c) 净距为 1.7D；(d) 净距为 2.0D

不同隧道净距下两条主隧道中心线的地表沉降如图 5-6 所示。从图 5-6（a）中可以看出，随着主隧道净距的增大，主隧道开挖引起的地表沉降影响范围逐渐增大，最大地表沉降逐渐增大。不同净距的变形变化如图 5-6（b）所示，从图中可以看出，随着间距的增加，主隧道中心线以上的地表沉降减小逐渐减缓，主隧道拱顶的沉降先逐渐减小，然后略有增加。这是由于随着隧道净距的增加，两条主隧道间的相互影响逐渐减小到零。

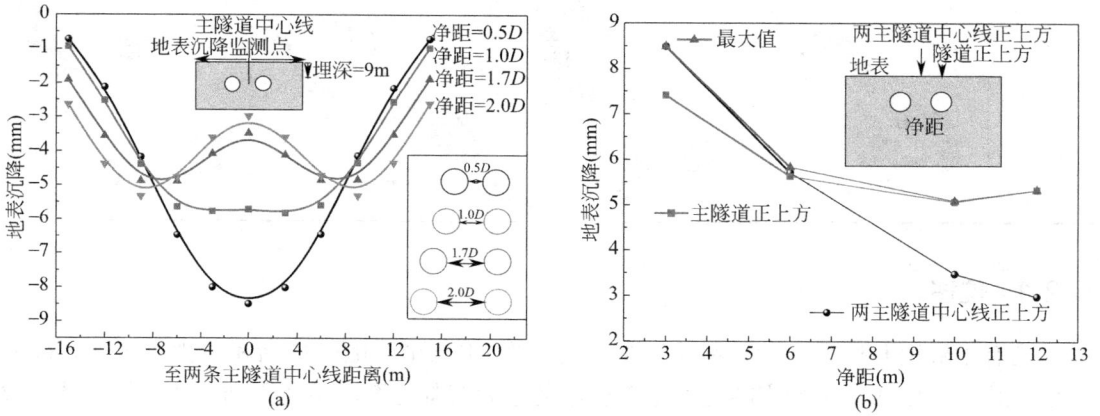

图 5-6 主隧道开挖完成后不同净距下的沉降曲线
(a) 不同监测点的地表沉降；(b) 地表沉降变化

不同间距下的横通道开挖后的沉降如图 5-7 所示，由图可知，由于横通道是单侧开挖，一侧的沉降大于另一侧的沉降，不同工况均会引起既有主隧道的不均匀沉降，沉降曲线类似 Peck 曲线，且随着主隧道净距的减小，既有隧道的不均匀沉降现象越来越明显。

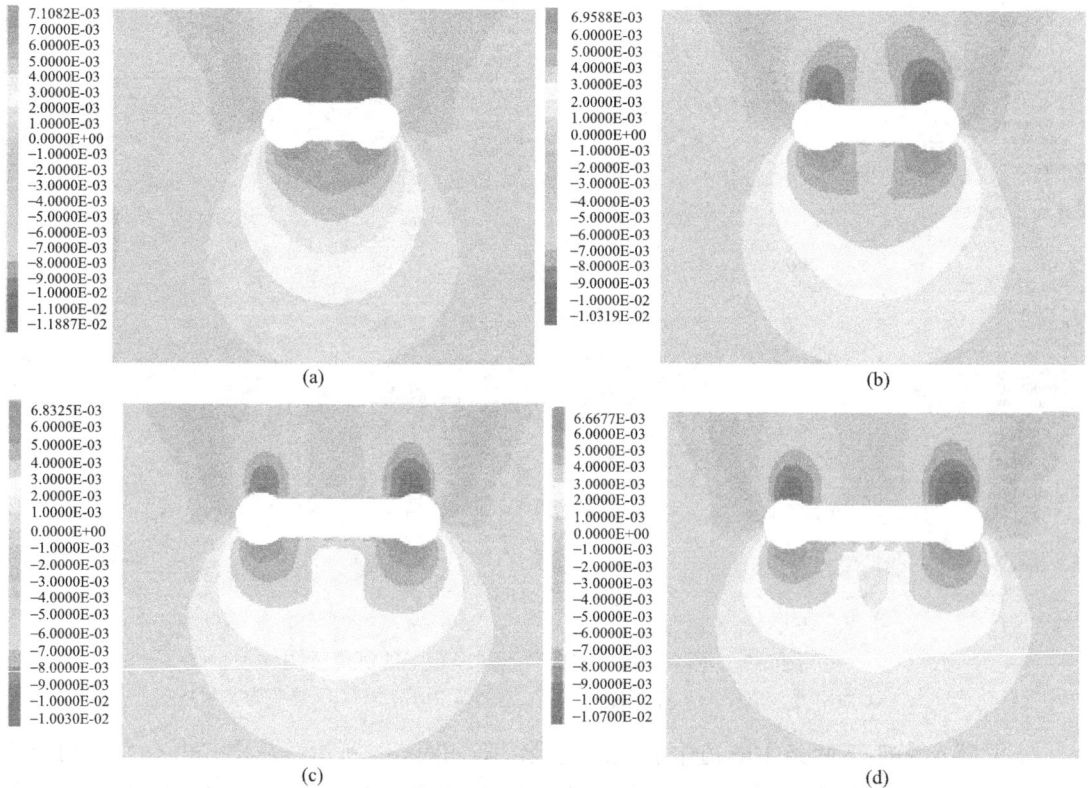

图 5-7 横通道开挖完成后不同净距下的沉降云图
(a) 净距为 0.5D；(b) 净距为 1.0D；(c) 净距为 1.7D；(d) 净距为 2.0D

地表和主隧道的沉降变化如图 5-8 所示，由图可知，随着间距的增加，主隧道中心线以上的地表沉降减小逐渐减缓，主隧道轴线以上的地表沉降和横通道位移先逐渐减小，然后略有增加。这是因为随着隧道间距的增加，两个主隧道之间的相互作用逐渐减小到零。主隧道位移随着净距的增加，先减小后增大，在净距 10m 的工况下取得最小值，横通道施工对主隧道的扰动一方面与净距（即横通道施工长度）有关，另一方面也与施工时间长短有关，两者存在叠加效应，可见最佳净距为 10m。

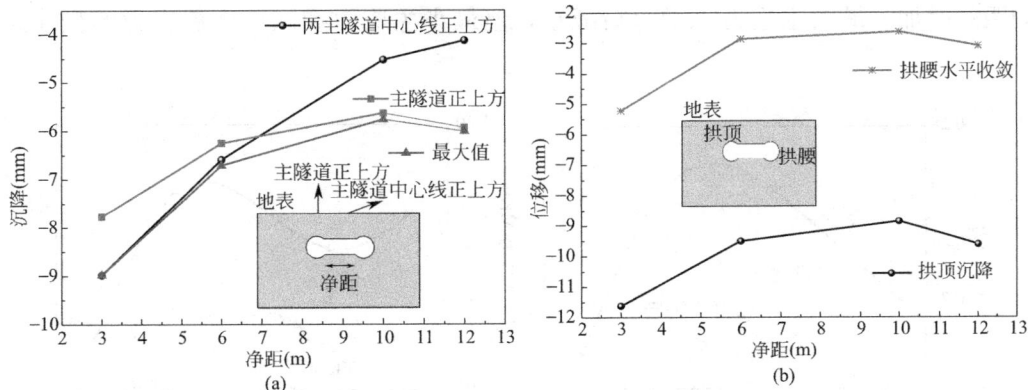

图 5-8　横通道开挖完成后不同净距下的变形曲线
（a）地表；（b）主隧道

5.2.2　应力

最大主应力、最小主应力和八面体剪应力随主隧道净距的变化曲线如图 5-9 所示。由

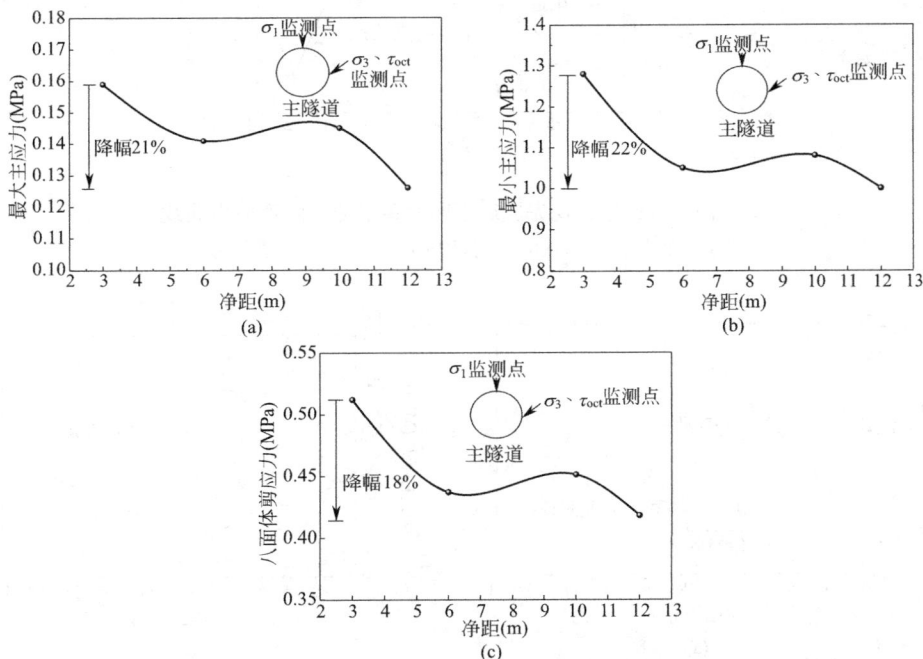

图 5-9　主隧道开挖完成后不同净距下的应力曲线
（a）最大主应力；（b）最小主应力；（c）八面体剪应力

65

图可知，随着隧道净距的增加，每个应力值先减小，后增加，然后再减小，但变化的数量并不大。在将净距从 $0.5D$ 增加到 $2.0D$ 的过程中，最大的变化是最小主应力，其从 $-1.28MPa$ 变化到 $-1.00MPa$，减少了 22%。可以看出，隧道净距的增加对主隧道衬砌结构的应力影响不大。

主隧道和横通道的变化应力分别如图 5-10 和图 5-11 所示。由图 5-10 可知，随着隧道间距的增加，最大主应力首先增加然后减小，但变化量非常小。由图 5-11 可知，随着隧道间距的增加，最大主应力先增大后减小，但最小主应力和八面体剪应力的变化正好相反。

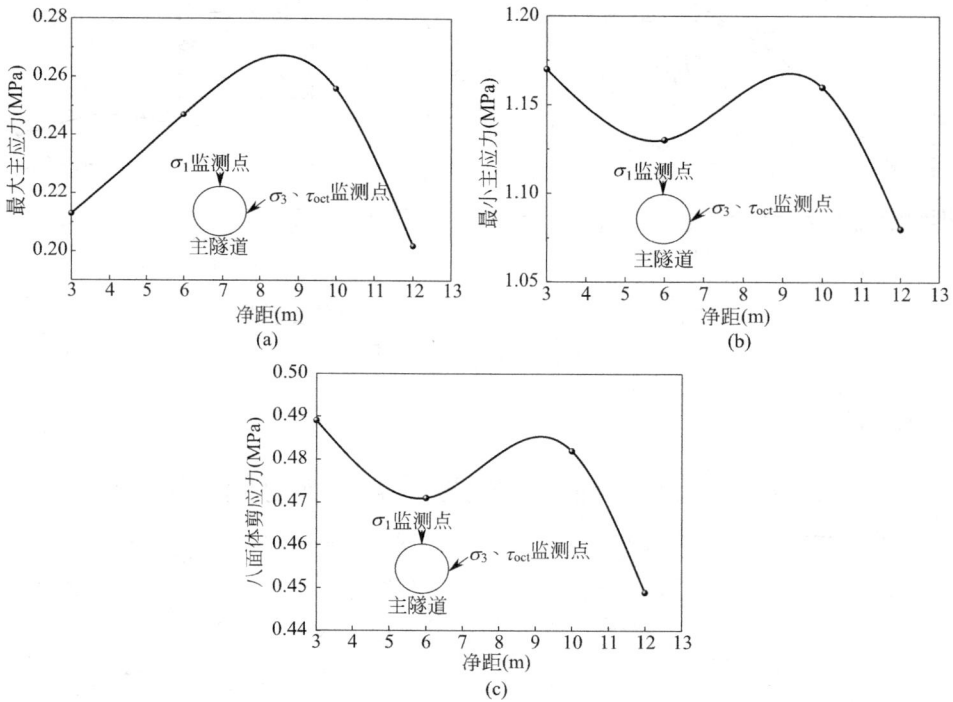

图 5-10　横通道开挖完成后不同净距下的主隧道应力曲线
（a）最大主应力；（b）最小主应力；（c）八面体剪应力

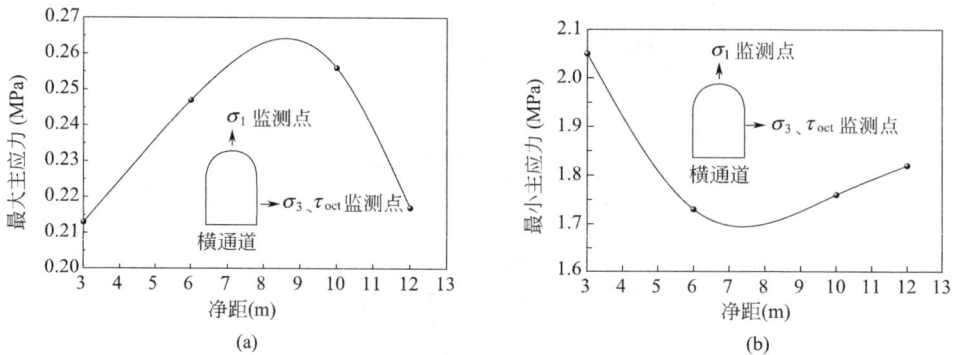

图 5-11　横通道开挖完成后不同净距下的横通道应力曲线（一）
（a）最大主应力；（b）最小主应力

(c)

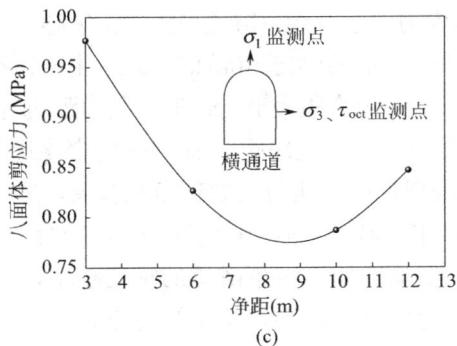

图 5-11 横通道开挖完成后不同净距下的横通道应力曲线（二）

（c）八面体剪应力

5.2.3 内力

图 5-12 为不同交叉角度下的主隧道内力变化曲线，由图可知：①双线主隧道净距在 3～10m（$0.5D$～$1.7D$，D 为主隧道外径，下同）时，纵向内力变化曲线非常陡峭，说明在此

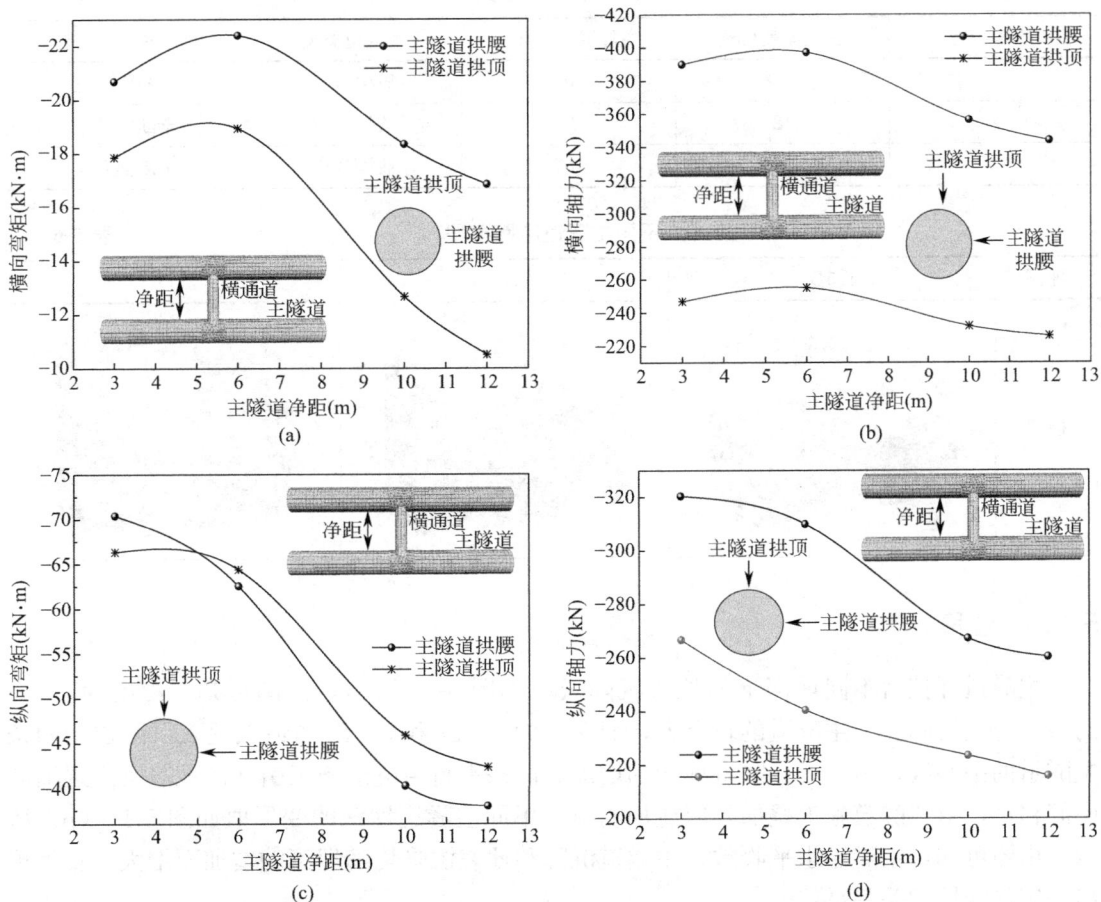

(a)

(b)

(c)

(d)

图 5-12 主隧道在不同交叉角度下的内力变化规律

（a）横向弯矩；（b）横向轴力；（c）纵向弯矩；（d）纵向轴力

范围内，既有主隧道的纵向内力对于双线主隧道净距非常敏感，净距越小，既有主隧道的纵向内力值越大。②当新建隧道中心间距大于 10m 时，既有主隧道拱顶和拱腰的纵向内力值曲线开始趋于平缓，说明当双线主隧道净距大于 10m 时，其净距的增加对于减小既有主隧道纵向内力的效果已经不明显。③当双线主隧道净距从 3～6m 的变化过程中，横向内力先增加后降低，这主要是由于横向内力的变化一方面与主隧道净距有关，另一方面也和开挖时间长短有关，净距增大，距离的影响可能会减小，但开挖时间的影响则会增大，两者存在叠加效应。

综上所述，净距越大，横通道施工对主隧道的扰动越小，在实际施工设计当中，应尽量使双线主隧道净距保持一定的合理范围，减小横通道开挖对既有主隧道的叠加影响。

5.3　主隧道埋深

为考虑主隧道不同埋深下，横通道施工对既有主隧道的影响，选取 3 种不同埋深下的工况进行建模分析，主隧道埋深分别为 9m（1.5D）、18m（3.0D）、30m（5.0D），其中 D 为主隧道外径，具体的工况参数见表 5-5，模型图见表 5-6。

不同交叉角度参数　　　　　　　　　　　　　　　　　　表 5-5

计算工况	覆土厚度（m）	主隧道净距（m）	主隧道类型	横通道施工方法
1	9	10	盾构隧道	全断面开挖
2	18	10	盾构隧道	全断面开挖
3	30	10	盾构隧道	全断面开挖

不同主隧道净距模型　　　　　　　　　　　　　　　　　　表 5-6

埋深	1.5D	3.0D	5D
模型			

5.3.1　位移

主隧道开挖后不同埋深下的地表沉降云图如图 5-13 所示，由图可知：深度为 1.5D 的最大地表沉降位于主隧道的正上方，而深度为 3.0D 和 5.0D 的最大地表沉降位于两条主隧道的中心线，由此可知随着埋深的增加，两条平行主隧道施工引起的地表沉降逐渐向中间移动，双线隧道施工叠加效应愈加明显。不同主隧道埋深的变形值如图 5-14（b）所示，由图可知：主隧道水平收敛、主隧道沉降和地表沉降均随埋深的增加而增大，且呈现出一定的线性相关关系。

横通道开挖后不同埋深下的变形变化如图 5-15 所示，由图可知：①埋深 1.5D 工况下的最大地表沉降位于主隧道的正上方，而深度为 3.0D 和 5.0D 的地表最大沉降位于两

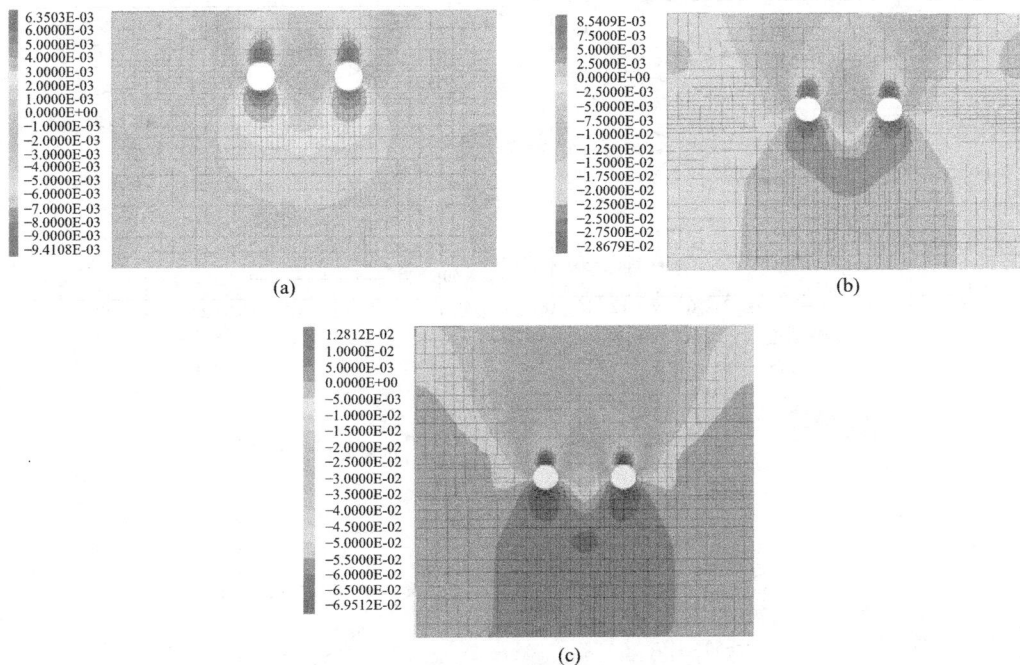

图 5-13　主隧道开挖完成后的位移云图

（a）埋深为 1.5D；（b）埋深为 3.0D；（c）埋深为 5.0D

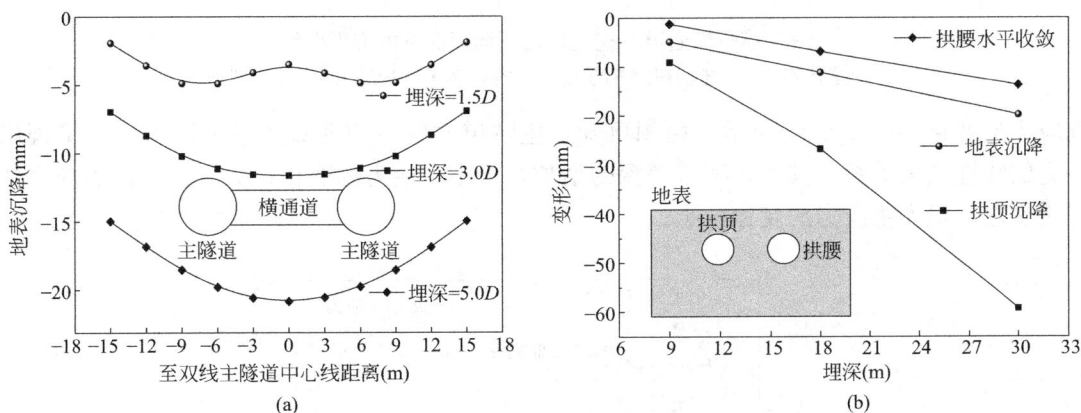

图 5-14　主隧道开挖完成后不同埋深下的变形曲线

（a）地表沉降；（b）不同埋深下的变形

条主隧道中心线的正上方。②主隧道和横通道的变形量均随埋深的增加而增加，并呈现明显的线性关系。③随着埋深的增加，隧道拱顶沉降的变化最大，地表沉降的变化次之，隧道水平位移的变化最小。

5.3.2　应力

由前述分析可知，最大主应力的最大值出现在主隧道拱顶，而最小主应力和八面体剪切应力的最大值出现在开口衬砌的对侧拱腰，因此选择最大值来分析不同深度下主隧道衬

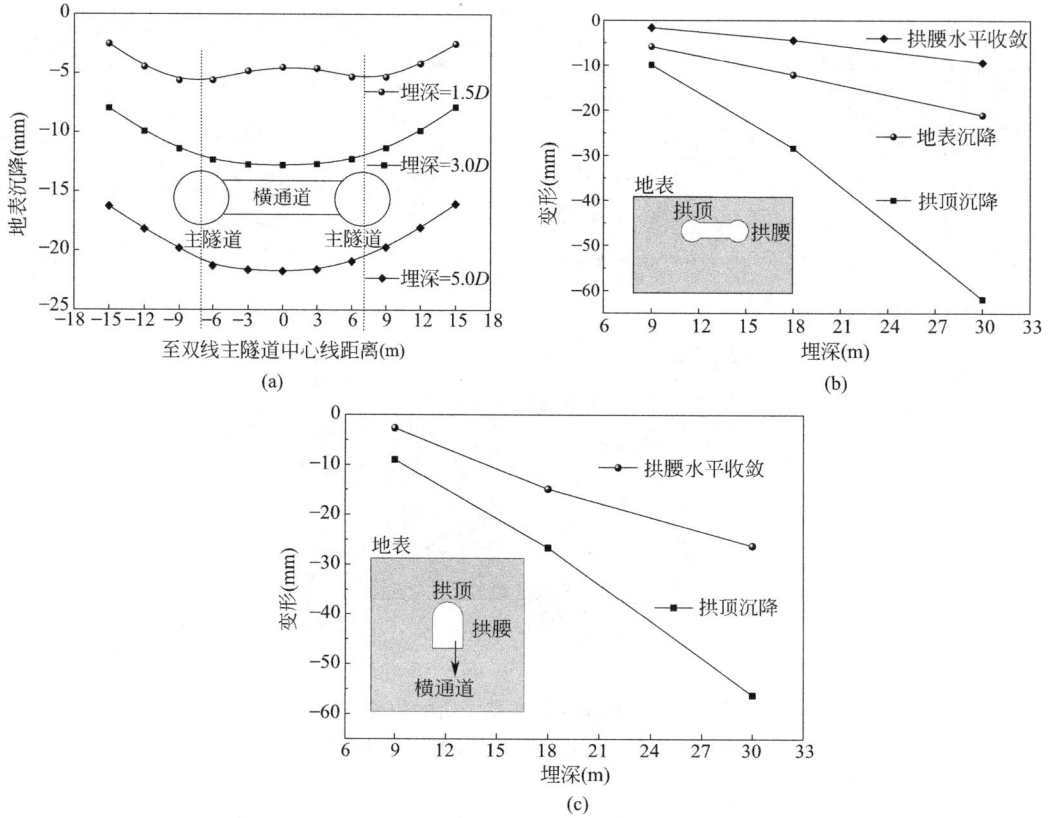

图 5-15　横通道开挖完成后不同埋深下的变形曲线
（a）地表沉降；（b）不同埋深下的主隧道变形；（c）不同埋深下的横通道变形

砌应力的变化，如图 5-16 所示，由图可知：主隧道的应力随埋深的增加而增加，呈现出一定的线性相关关系。其中，随着埋深的增加，最小主应力的变化最大，八面体剪应力的变化次之，最大主应力的变化最小。

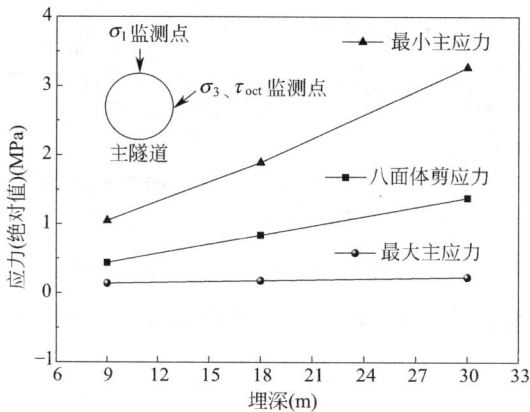

图 5-16　主隧道开挖完成后不同埋深下的应力曲线

不同深度下主隧道和横通道的应力最大值如图 5-17 所示，由图可知，主隧道和横通道的应力随着埋深的增加而增加，并且呈现出一定的线性关系。

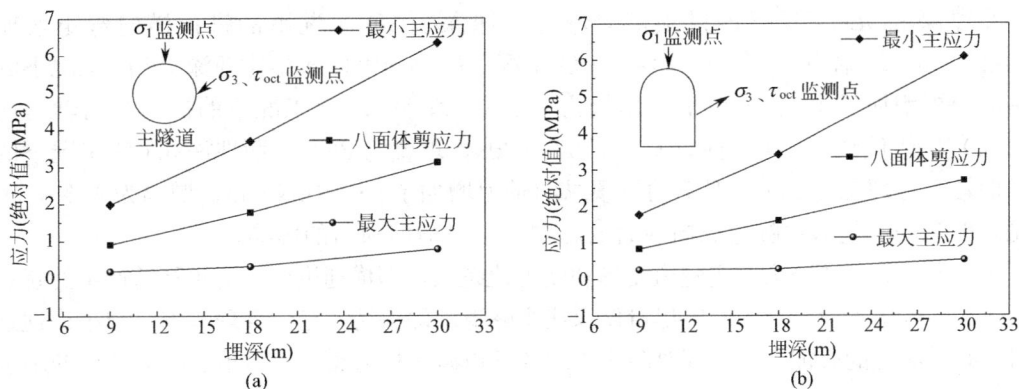

图 5-17　横通道开挖完成后不同埋深下的应力曲线

（a）主隧道；（b）横通道

5.3.3　内力

图 5-18 为不同埋深下的主隧道内力变化曲线，由图可知：①主隧道横向弯矩、横向轴力、纵向弯矩和纵向轴力均随着埋深的增大而增大，且呈现出比较明显的线性相关关

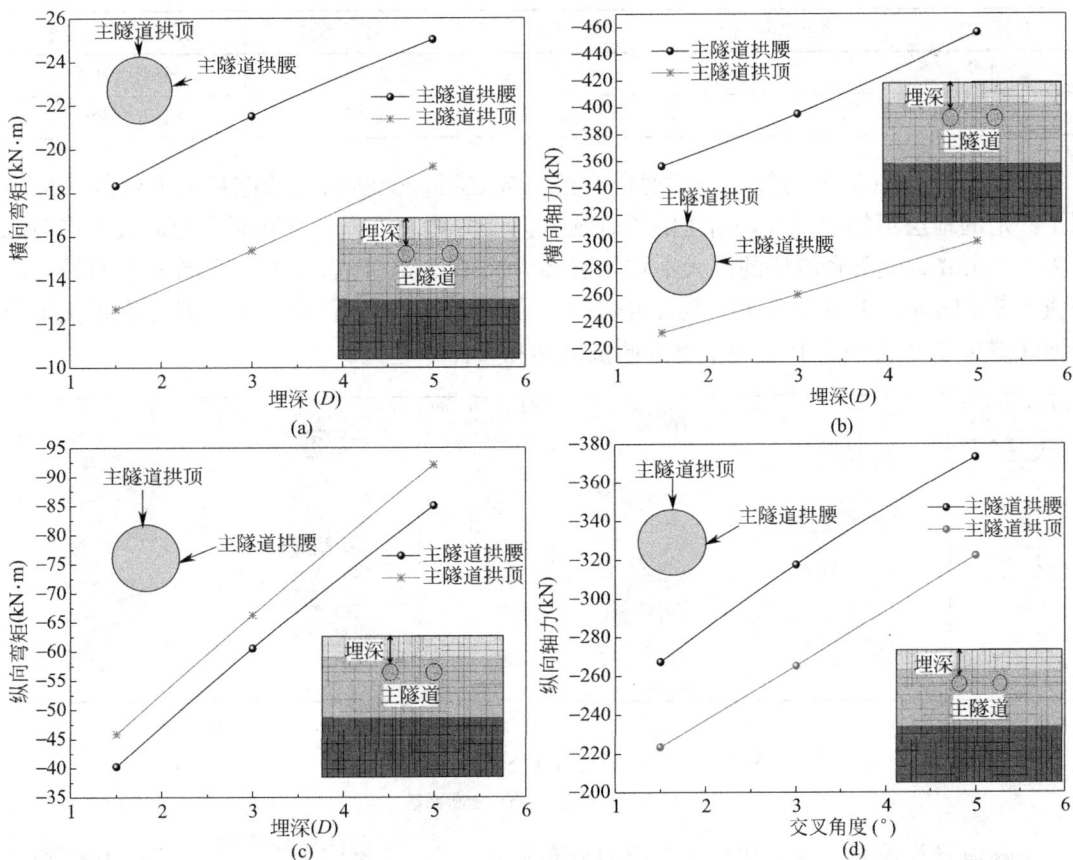

图 5-18　主隧道在不同交叉角度下的内力变化规律

（a）横向弯矩；（b）横向轴力；（c）纵向弯矩；（d）纵向轴力

系。②埋深 5.0D 工况下的拱顶横向弯矩比埋深 1.5D 工况下的拱顶横向弯矩增加了 6.53kN·m，增幅为 52%，而埋深 5.0D 工况下的拱顶纵向弯矩比埋深 1.5D 工况下的拱顶纵向弯矩增加了 46.32kN·m，增幅为 101%。埋深 5.0D 工况下的拱顶横向轴力比埋深 1.5D 工况下的拱顶横向轴力增加了 67.68kN，增幅为 29%，而埋深 5.0D 工况下的拱顶纵向轴力比埋深 1.5D 工况下的拱顶纵向轴力增加了 98.64kN·m，增幅为 44%，由此可见，埋深的变化对主隧道纵向内力的影响大于对横向内力的影响。

综上所述，埋深越大，主隧道变形和受力值越大，即横通道施工对主隧道产生的扰动也越大，在实际施工设计当中，应尽量使双线主隧道埋深保持一定的合理范围，减小横通道开挖对既有主隧道的叠加影响，同时防止出现浅埋以减小横通道开挖对地表既有结构的影响。

5.4 开挖方法

为考虑不同施工方法下，横通道施工对既有主隧道的沉降影响，选取 2 种不同横通道施工工况进行计算分析，具体的工况参数见表 5-7。当采用全断面开挖和上下台阶法施工时，均从单侧进行开挖，开挖进尺均为 2m，即每向前掘进两环为一循环。

不同开挖方法　　　　　　　　　　　　　　　　表 5-7

计算工况	覆土厚度(m)	交叉角度	主隧道类型	横通道施工方法
1	9	90°	盾构隧道	全断面开挖
2	9	90°	盾构隧道	上下台阶法

由图 5-19、图 5-20 可知，当横通道开挖完成之后，全断面法开挖和上下台阶法都表现了一定的地层不均匀沉降，沿主隧道轴线方向上的地表沉降，全断面法的最大不均匀沉降为 2.85mm，上下台阶法的最大不均匀沉降为 2.43mm，综合来看，全断面法的最大沉降值为 5.81mm，上下台阶法的最大沉降值为 4.34mm，上下台阶法最大沉降值相比于全断面法减少了 25.3%，其表现了更好的抗沉性和整体稳定性。

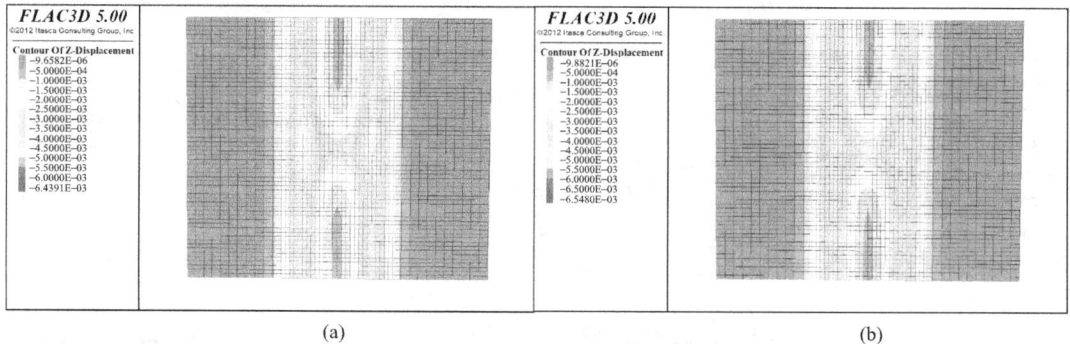

图 5-19　不同开挖方法下的地表沉降云图
(a) 上下台阶法；(b) 全断面法

主隧道管片最大主应力和最小主应力分布见表 5-8，从整体上看，全断面法开挖和上下台阶法施工下的地铁主隧道结构均出现了一定的应力重分布，但上下台阶法施工下的主隧道主应力值均小于全断面法主应力值，即上下台阶法对主隧道产生的扰动要小于全断面

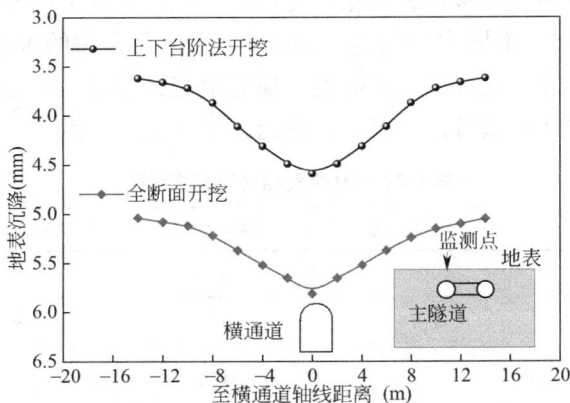

图 5-20　横通道开挖完成后地表沉降曲线

法对主隧道产生的扰动，表现出了更好的稳定性，不同开挖方法对最小主应力产生的影响更大，八面体剪应力次之，最大主应力变化最小。

主隧道管片主应力（MPa） 表 5-8

施工步骤	最大主应力	最小主压应力	八面体剪应力
初始应力	0.15	−1.23	0.56
上下台阶法	0.23	−1.53	0.77
全断面开挖	0.26	−1.98	0.91
变化率	13.00%	29.41%	18.18%

　　横通道开挖完成后的主隧道交叉部位拱顶内力见表 5-9，从整体上看，上下台阶法施工下的主隧道内力值均小于全断面法施工下的主隧道内力值，其中不同施工方法对纵向轴力产生的影响最大，全断面法施工下的主隧道纵向轴力比上下台阶法施工下的纵向轴力增加了 42.71kN，增幅为 23.64%，不同施工方法对横向轴力产生的影响最小。

　　综上所述，即上下台阶法对主隧道产生的扰动要小于全断面法对主隧道产生的扰动，表现出了更好的稳定性，但相比于全断面法，上下台阶法的施工进度略慢于全断面法，在地铁横通道实际设计施工中，应结合地质条件和典型特征工况，合理选择施工方法。

主隧道交叉部位拱顶内力 表 5-9

施工步骤	横向弯矩(kN·m)	横向轴力(kN)	纵向弯矩(kN·m)	纵向轴力(kN)
上下台阶法	−10.52	−309.03	−32.77	−180.80
全断面开挖	−12.67	−356.43	−40.28	−223.51
变化率	20.43%	15.33%	22.92%	23.62%

5.5　参数对比

　　不同参数下横通道开挖完成后的地表变形最值和主隧道变形最值见表 5-10、表 5-11，并根据最大变形量和最小变形量计算出相对变形量，不同参数下的相对变形量对比曲线如图 5-21 所示，由图可知，不同参数对地表和主隧道变形影响的大小顺序是：主隧道埋深＞主隧道净距＞横通道开挖方法＞主隧道与横通道交叉角度，在地铁横通道实际设计施工中，应结合地质条件和典型特征工况，合理选择相关施工参数。

不同参数下的地表相对变形量对比   表 5-10

地表变形	交叉角度	主隧道净距	主隧道埋深	开挖方法
最大变形量 δ_{max}	6.54	8.98	21.05	5.81
最小变形量 δ_{min}	5.81	4.12	5.81	4.34
相对变化量 $\Delta = \dfrac{|\delta_{max} - \delta_{min}|}{\delta_{min}} \times 100\%$	13	118	262	34

不同参数下的主隧道交叉空间相对变形量对比   表 5-11

主隧道交叉空间变形	交叉角度	主隧道净距	主隧道埋深	开挖方法
最大变形量 δ_{max}	9.95	11.62	61.88	8.58
最小变形量 δ_{min}	8.58	8.85	9.95	6.73
相对变化量 $\Delta = \dfrac{|\delta_{max} - \delta_{min}|}{\delta_{min}} \times 100\%$	16	31	522	27

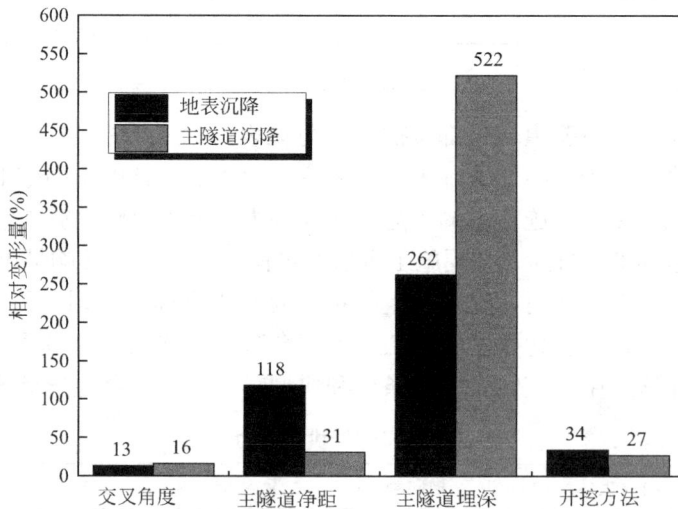

图 5-21 不同参数下的相对变形量对比曲线

5.6 本章小结

本章分析了地铁横通道与主隧道夹角、主隧道间距、主隧道覆土厚度、施工工法 4 个因素对既有主隧道变形和受力的影响规律，得到了以下结论：

（1）交叉角度越小，地表不均匀沉降越小，交叉区域影响区域的面积越大，主隧道沉降的变化率越低，而主隧道收敛的变化率越高，交叉角度对主隧道的水平收敛影响较大。

（2）当交叉角为 90°的正交夹角时，横通道施工对既有主隧道两侧边墙产生的内力呈现对称分布，相比于非正交情况下的非对称内力分布，受力更均匀，产生的影响更小，交叉角越大越好，接近直角最好。

（3）主隧道位移随着净距的增加，先减小后增大，在净距 10m 的工况下取得最小值，最佳净距为 10m，净距越大，横通道施工对主隧道的扰动越小。

（4）隧道和横通道的变形量均随埋深的增加而增加，并呈现明显的线性关系。随着埋深的增加，隧道拱顶沉降的变化最大，地表沉降的变化次之，隧道水平位移的变化最小，埋深的变化对主隧道纵向内力的影响大于对横向内力的影响。

（5）上下台阶法对主隧道产生的扰动要小于全断面法对主隧道产生的扰动，表现出了更好的稳定性。

（6）不同参数对地表和主隧道变形影响的大小顺序是：主隧道埋深＞主隧道净距＞横通道开挖方法＞主隧道与横通道交叉角度。

第六章　地铁横通道的预注浆加固机理研究

对于岩体注浆加固，扩大注浆范围会增加围岩的强度和减小对地层的扰动，但同时降低经济性、增大施工难度和影响施工进度，因此在明显地减小对地层和既有主隧道扰动的情况下，应当力求注浆范围和注浆参数更加合理明确。因此，以某地铁横通道施工为工程背景，在所有外部条件和施工条件一致的情况下，对比分析了不同注浆范围和注浆参数下的加固效果。

6.1　注浆加固机理研究

6.1.1　实际注浆参数

某地铁横通道施工对横通道和主隧道交叉空间结构采用预注浆加固，注浆使用双液注浆泵，注浆前凿穿管片吊装孔外侧保护层。采用水泥浆和水玻璃组成的双液浆，注浆压力不大于 0.3MPa，具体参数和注浆顺序如下：

（1）注浆浆液：采用水泥浆和水玻璃组成的双液浆。

（2）注浆压力：控制在 0.3MPa 以下（小于二次注浆压力）。

（3）浆液初凝时间：初凝时间限制在 10min 左右，在注浆停止前封孔时，浆液的初凝时间控制在 40s 左右。

（4）参考配合比：溶液型浆液，配合比为，A：B＝1：1（A 液配比为，水玻璃：水＝1：1，B 液未外加剂，以上均为体积比）。悬浊液，配合比为，A：C＝1：1（A 液配合比为，水玻璃：水＝1：2，C 液：直径 1.0m 的搅拌桶，0.38m³ 水配 3 包 50kg 的袋装普通硅酸盐水泥加外加剂）。悬浊液配合比用量为：每立方米悬浊液水泥用量为256kg，水玻璃为 110kg；溶液型配合比用量为：每立方米溶液型水玻璃用量为 400～440kg。注浆时，将根据现场实际情况调整配合比，并适当加入特种材料以增加可灌性和堵水性及止水效果。

（5）注浆顺序：双线主隧道开挖完成后对交叉空间结构进行注浆，注浆顺序由左至右，每 2m 进行一个断面注浆。在一个注浆断面上，使用两套注浆设备同时对管片腰部两处注浆孔进行对称注浆，注浆深度为 2m。注浆之前先对管片注浆孔进行检查，检查丝扣是否损坏，如发生损坏应向有关部门反映。待盾构机掘进到对既有线路的影响范围之外后，才能将注浆孔封孔。

（6）注浆结束待注浆孔后的土体完全固结后，就可以对注浆孔起到封堵作用，防止后期漏水的发生。

结合现场的注浆施工工艺，对本次数值模拟进行简化，简化后的步骤如下所示：

（1）地质勘探。

研究所选线的地形、地质结构、岩性、断层和风化断裂带的地质和地貌条件，为了计算岩体的工程特性，对围岩进行分类。

（2）设计。

包括隧道位置的选择，隧道纵断面和断面的设计、围岩压力、岩体的力学行为、隧道支护结构的基本要求及其结构类型等。

（3）风险评估。

地铁隧道工程施工环境复杂，施工组织困难，操作安全隐患较高，在施工阶段建立风险评估体系，可以通过定性或定量的施工安全风险评估，提高安全风险意识，完善施工措施，规范预案预警和预控制管理，有效降低施工风险，严格预防重大事故。

（4）主隧道开挖。

采用盾构法施工，控制土仓压力变动幅度在 30kPa 之内。

（5）管片安装。

为确保施工安全，确保隧道满足设计断面尺寸要求，防止围岩进一步变形，并承受可能发生的各种载荷。

（6）全线贯通和交叉区域预注浆。

注浆一方面可以有效防止既有隧道产生后期沉降，另一方面可以减小横通道开挖对既有主隧道的扰动。

（7）移除横通道与主隧道交叉处管片。

（8）横通道开挖。

采用全断面法开挖，横通道开挖进尺为 2m，单侧开挖，从左向右开挖。

（9）初期支护。

为确保施工安全，保证隧道满足设计断面尺寸要求，防止围岩进一步变形，并承受可能发生的各种载荷，同时减小后续开挖对既有主隧道的扰动。

（10）移除另一侧管片，全线贯通完成横通道施工。

6.1.2 注浆模拟方法

主隧道左右线的外径为 6.0m，内径为 5.4m，隧道埋深为 9m。横通道长度为 10m，开挖截面宽度为 3m，高度为 4.3m，衬砌厚度为 0.2m，主隧道和横通道的位置关系如图 6-1 所示，材料参数见表 6-1。

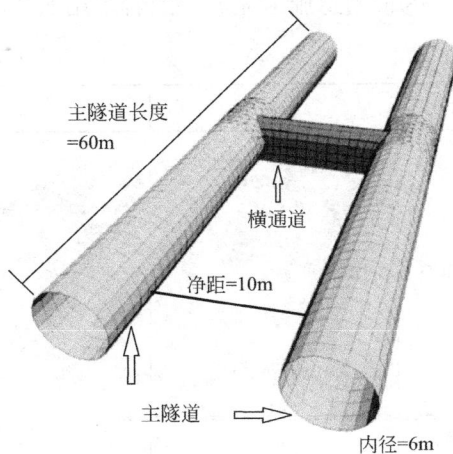

图 6-1 不同开挖方法下的地表沉降云图

材料参数   表 6-1

材料	弹性模型（MPa）	泊松比	黏聚力（kPa）	内摩擦角（°）	重度（kg/m³）
素填土	13.5	0.35	10	15	1900
强风化花岗岩	184	0.28	20	29	2200

材料	弹性模型（MPa）	泊松比	黏聚力（kPa）	内摩擦角（°）	重度（kg/m³）
中风化花岗岩	200	0.25	45	35	2400
初期支护	8000	0.22	—	—	2500
注浆加固区	241	0.23	39	33	2290

注浆加固区域范围如图 6-2 所示，注浆加固是在主隧道施工完成之后和横通道开挖之前进行的，注浆区域为横通道外侧 2m 范围内和主隧道外侧 2m 范围内。

数值模拟顺序见表 6-2。

①主隧道开挖：盾构法开挖，双线隧道同时开挖，单次开挖步长为 2m。

②主隧道管片安装：每开挖 2m，施作管片，管片计算模拟为独立计算步骤，管片采用壳单元进行模拟计算。

③主隧道贯通，共 30 计算步。

④注浆加固，采用提高加固区材料力学和物理参数的方法来模拟注浆。

⑤主隧道和横通道交叉区域管片移除。

⑥横通道开挖，采用全断面法开挖，单次开挖长度为 2m。

⑦施作初期支护，每开挖 2m，施作前一开挖步的管片，管片采用壳单元进行模拟。

⑧横通道施工完成，围岩采用实体单元进行模拟。

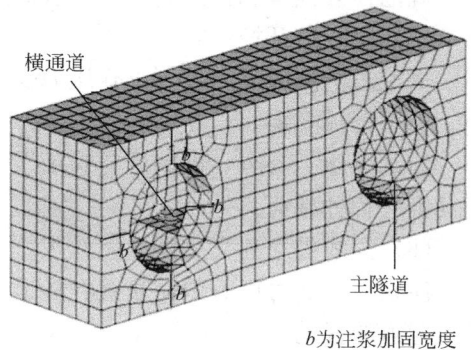

图 6-2　注浆加固区域示意图

施工模拟顺序　　　　表 6-2

顺序	1	2	3	4
模型	主隧道开挖	安装支护衬砌	完成主隧道施工	预注浆区

顺序	5	6	7	8
模型	节段拆除	横通道开挖	安装支护衬砌	横通道施工完成

6.1.3　注浆加固机理

由图 6-3、图 6-4 可知，当横通道开挖完成之后，注浆加固前和注浆加固后都表现了一定的地层不均匀沉降，沿主隧道轴线方向上的地表沉降，注浆加固前的最大不均匀沉降为 2.85mm，注浆加固后的最大不均匀沉降为 0.68mm，综合来看，注浆加固前的最大沉降值为 5.09mm，注浆加固后的最大沉降值为 3.72mm，注浆加固后最大沉降值相比于未注浆加固减少了 26.9%，其表现出了更好的抗沉性和整体稳定性。

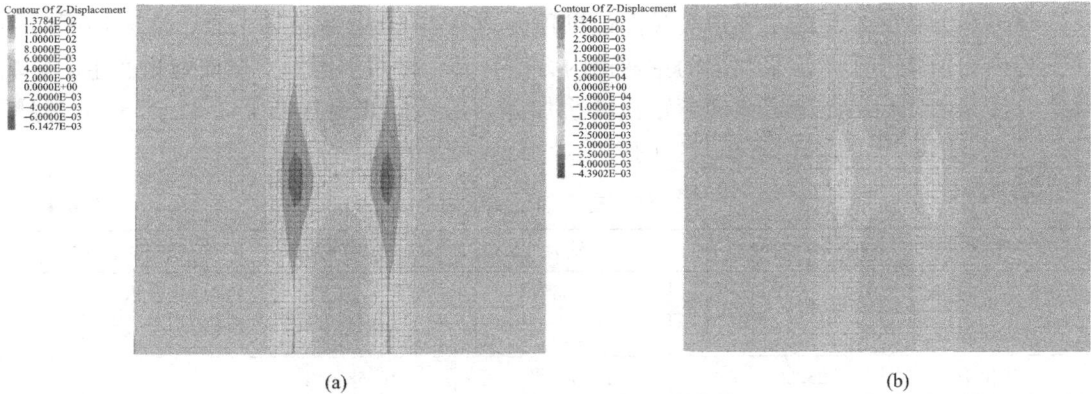

图 6-3　不同开挖方法下的地表沉降云图
（a）注浆加固前；（b）注浆加固后

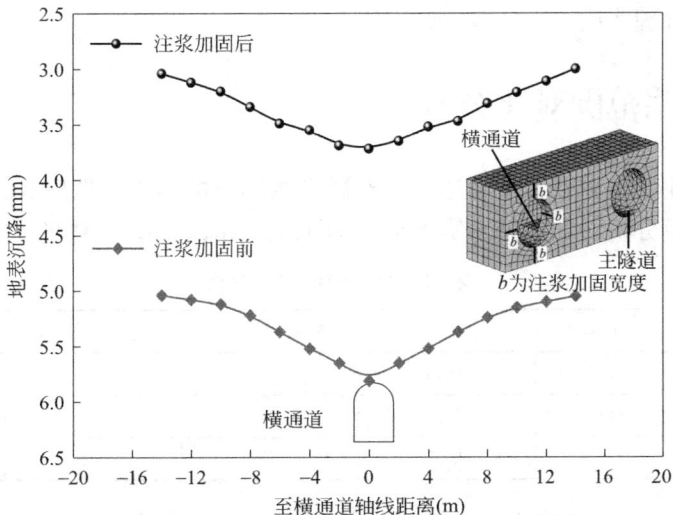

图 6-4　横通道开挖完成后地表沉降曲线

主隧道管片最大主应力和最小主应力分布见表 6-3，从整体上看，注浆加固前和注浆加固后的地铁主隧道结构均出现了一定的应力重分布，但注浆加固后的主隧道主应力值均小于未注浆加固的主隧道衬砌主应力值，即采用预注浆加固能有效降低横通道开挖对主隧道产生的影响，表现出了更好的稳定性。

主隧道管片主应力（MPa）　　　　　　　　　表 6-3

施工工艺	最大主应力	最小主压应力	八面体剪应力
初始应力	0.15	−1.23	0.56
注浆加固前	0.26	−1.98	0.91
注浆加固后	0.19	−1.46	0.72
变化率	26.92％ ↓	26.26％ ↓	20.88％ ↓

横通道开挖完成后的主隧道交叉部位拱顶内力见表 6-4，从整体上看，注浆加固后的主隧道内力值均小于未注浆加固的主隧道内力值，其中注浆加固后对横向弯矩产生的影响最大，注浆加固后的主隧道横向弯矩比注浆加固前的横向弯矩降低了 3.32kN·m，降幅 26.20％，注浆加固对纵向弯矩产生的影响最小。

主隧道交叉部位拱顶内力　　　　　　　　　表 6-4

工况	横向弯矩(kN·m)	横向轴力(kN)	纵向弯矩(kN·m)	纵向轴力(kN)
注浆加固前	−12.67	−356.43	−40.28	−223.51
注浆加固后	−9.35	−286.91	−33.60	−184.07
变化率	26.20％ ↓	19.50％ ↓	16.58％ ↓	17.65％ ↓

综上所述，采用预注浆加固能有效降低横通道开挖对既有主隧道产生的扰动，表现出了更好的稳定性，但相比于未注浆加固，采用注浆加固则会降低经济性、增大施工难度和影响施工进度，因此在明显地减小对地层和既有主隧道扰动的情况下，应当力求注浆范围和注浆参数更加合理明确。

6.2　不同注浆范围对比分析

为考虑不同注浆范围下，横通道施工对既有主隧道的影响，选取 3 种不同注浆加固范围的工况进行建模分析，加固外侧宽度分别为 1m、2m、3m，具体的工况参数见表 6-5。

不同注浆范围的材料参数　　　　　　　　　表 6-5

注浆范围	弹性模型(MPa)	泊松比	黏聚力(kPa)	内摩擦角(°)	重度(kg/m³)
1m	221	0.25	35	32	2250
2m	221	0.25	35	32	2250
3m	221	0.25	35	32	2250

图 6-5 为不同注浆范围下的地表沉降，由图可知：①随着注浆面积的增加，地表沉降明显减少，随着注浆范围的扩大，对地表不均匀沉降的影响越来越小；②注浆宽度 2m 与注浆宽度 3m 的工况下的沉降差异很小。

图 6-6 为不同注浆范围下主隧道衬砌所受内力的变化情况，由图可知：①随着注浆范围的扩大，主隧道和横通道的最大弯矩和最大轴力逐渐减小，但注浆宽度 2m 与注浆宽度 3m 的工况下的内力差异较小；②注浆对主隧道衬砌最大轴力的影响最大。

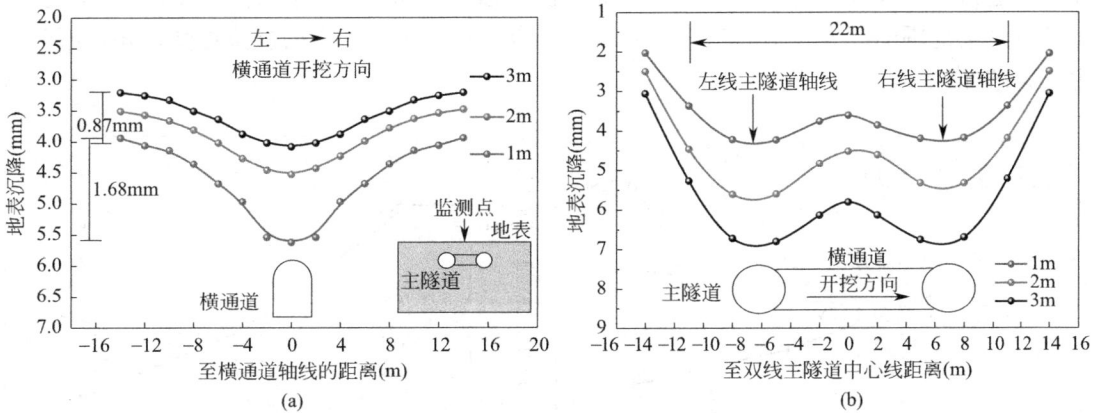

图 6-5　不同注浆范围下的地表沉降曲线

(a) 沿着横通道轴线；(b) 沿着双线主隧道中心线

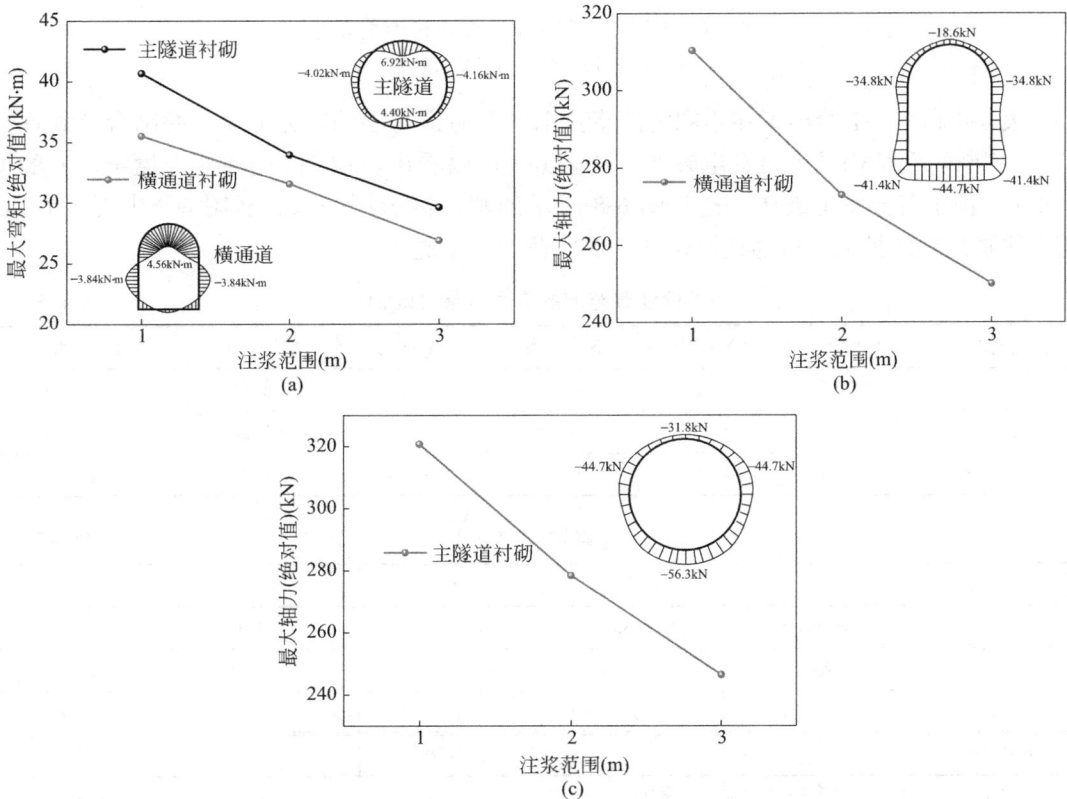

图 6-6　不同注浆范围下的隧道衬砌内力

(a) 最大弯矩；(b) 横通道衬砌；(c) 主隧道衬砌

　　图 6-7 为不同注浆范围下主隧道和横通道衬砌内力的变化情况，由图可知：①随着注浆范围的扩大，主隧道和横通道的最大主应力和最小主应力逐渐减小；②由于最大主应力通常为拉应力，最小主应力通常为压应力，3 种注浆范围内的主隧道和横通道最小主应力均小于素混凝土的抗压强度，但是对于最大主应力，在注浆宽度为 1m 的工况下，主隧道

和横通道衬砌的最大拉应力大于素混凝土的抗拉强度，这将导致混凝土衬砌因受拉损坏；③随着注浆范围的扩大，横通道衬砌的最大拉应力将小于混凝土的抗拉强度，并且不会发生受拉破坏。

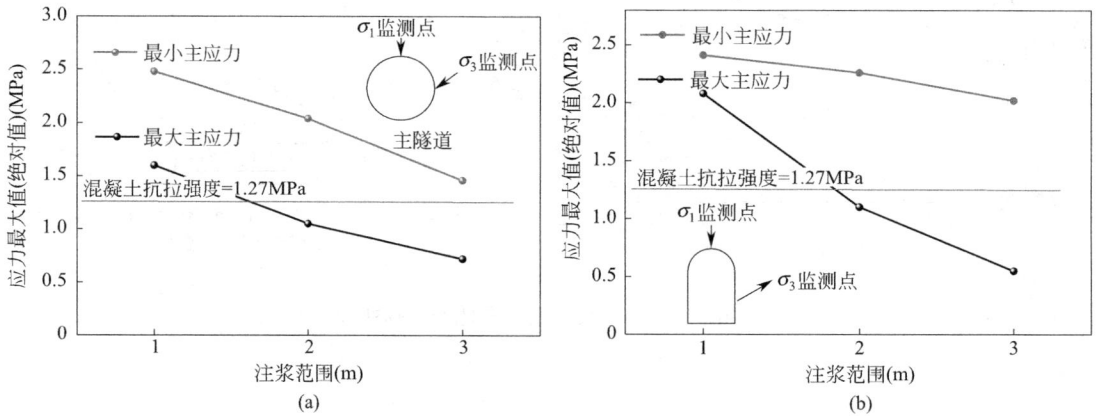

图 6-7 不同注浆范围下的隧道衬砌主应力
（a）主隧道衬砌；（b）横通道衬砌

表 6-6 和表 6-7 给出了在不同的注浆范围下横通道衬砌的应力分量，并结合公式计算 f，以判断衬砌结构是否会发生破坏。从表 6-7 可以看出，在 1m 的注浆宽度下，f 的值大于 0，预示着会发生破坏，这与图 6-8 所示的塑性区云图一致。从图 6-8 中可以看出，随着注浆范围的扩大，横通道围岩塑性区的范围越来越小。

不同注浆范围的应力分量（kPa） 表 6-6

注浆范围 b	XX 应力	XY 应力	XZ 应力	YY 应力	YZ 应力	ZZ 应力
1m	−109.67	2.78	−1.24	−73.91	−2.11	−126.79
2m	−105.72	3.15	−0.16	−64.11	−1.68	−117.25
3m	−103.24	3.18	−0.15	−63.47	−1.33	−113.78

计算结果（kPa） 表 6-7

注浆范围 b	I_1	I_2	I_3	σ_{oct}	τ_{oct}
1m	−310.37	31368.10	−1026126.60	−103.46	22.17
2m	−287.08	26677.51	−793221.27	−95.69	22.94
3m	−280.49	25509.00	−744223.79	−93.50	21.78

注浆范围 b	J_2	J_3	$\cos3\theta$	θ	f
1m	27.15	4460.72	0.58	54.64	**0.93**
2m	28.10	7069.55	0.83	34.11	−0.80
3m	26.68	6157.03	0.84	32.59	−1.52

注：标红表示正值，将会发生受力破坏。

表 6-6 和表 6-7 中的计算公式如下所示：

$$I_1 = \sigma_{ii} = \sigma_{11} + \sigma_{22} + \sigma_{33} \qquad (6-1)$$

$$I_2 = \sigma_{11}\sigma_{22} + \sigma_{22}\sigma_{33} + \sigma_{33}\sigma_{11} - \tau_{12}^2 - \tau_{23}^2 - \tau_{13}^2 \qquad (6-2)$$

$$I_3 = \begin{vmatrix} \sigma_{11} & \sigma_{12} & \sigma_{13} \\ \sigma_{21} & \sigma_{22} & \sigma_{23} \\ \sigma_{31} & \sigma_{32} & \sigma_{33} \end{vmatrix} \tag{6-3}$$

$$\sigma_{\text{oct}} = \frac{I_1}{3} \tag{6-4}$$

$$\tau_{\text{oct}} = \sqrt{\frac{2}{3} J_2} = \frac{\sqrt{2}}{3} (I_1^2 - 3I_2)^{1/2} \tag{6-5}$$

$$J_2 = \frac{1}{3} \times (I_1^2 - 3I_2) \tag{6-6}$$

$$J_3 = \frac{1}{27} \times (2I_1^3 - 9I_1 I_2 + 27I_3) \tag{6-7}$$

$$\cos 3\theta = \frac{\sqrt{2} J_3}{\tau_{\text{oct}}^3} \tag{6-8}$$

$$f = -\frac{1}{3} I_1 \sin\phi + \sqrt{J_2} \sin\left(\theta + \frac{1}{3}\pi\right) - \frac{\sqrt{J_2}}{\sqrt{3}} \cos\left(\theta + \frac{1}{3}\pi\right) \sin\phi - c\cos\phi \tag{6-9}$$

其中，I_1、I_2、I_3 是应力张量的第一、第二和第三不变量，τ_{oct} 是八面体剪应力，J_1、J_2、J_3 是应力偏量的不变量，f 是应力边界条件。

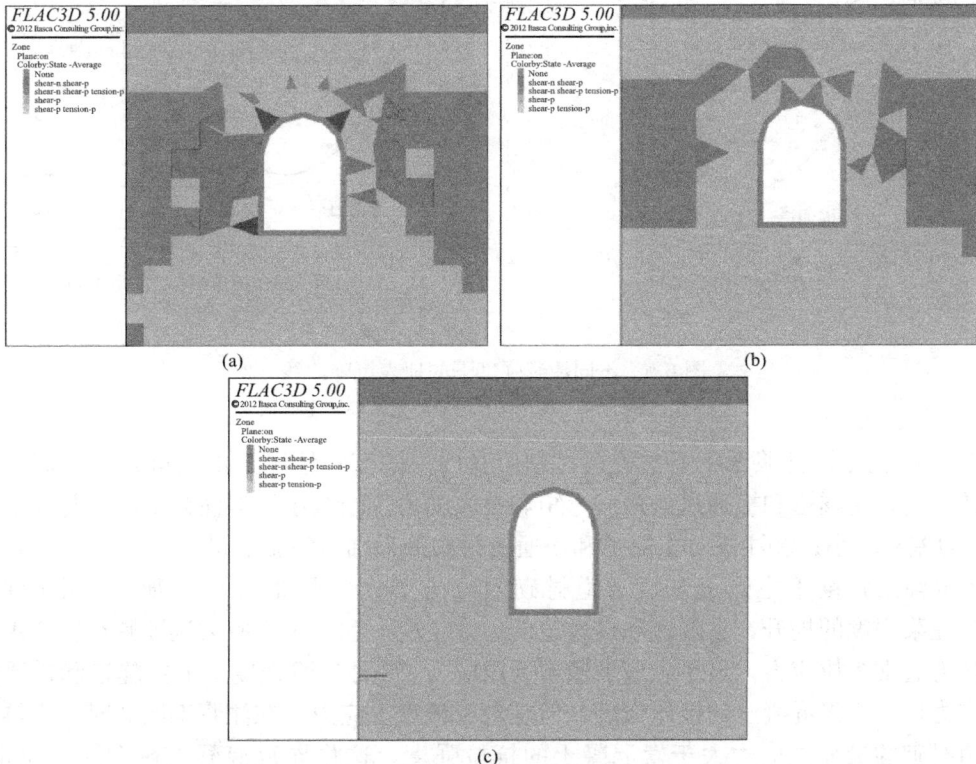

图 6-8　不同注浆范围下的横通道围岩塑性区云图

（a）注浆范围为 1m；（b）注浆范围为 2m；（c）注浆范围为 3m

6.3 不同注浆强度对比分析

为考虑不同注浆强度下，横通道施工对既有主隧道的影响，选取 3 种不同注浆强度的工况进行建模分析，注浆宽度均为 2m，具体的工况参数见表 6-8。

不同注浆强度的材料参数　　　　　　　　　　　　表 6-8

注浆工况	注浆范围	弹性模型（MPa）	泊松比	黏聚力(kPa)	内摩擦角(°)	重度(kg/m³)
1	2m	241	0.23	39	33	2290
2	2m	221	0.25	35	32	2250
3	2m	203	0.26	28	31	2230

不同注浆强度下的地表沉降如图 6-9 所示，由图可知：①随着注浆强度的增加，地表沉降明显减少，并且地表不均匀沉降越来越小；② 注浆工况 1 与注浆工况 2 的沉降差值比注浆工况 2 与注浆工况 3 的沉降差异值小。

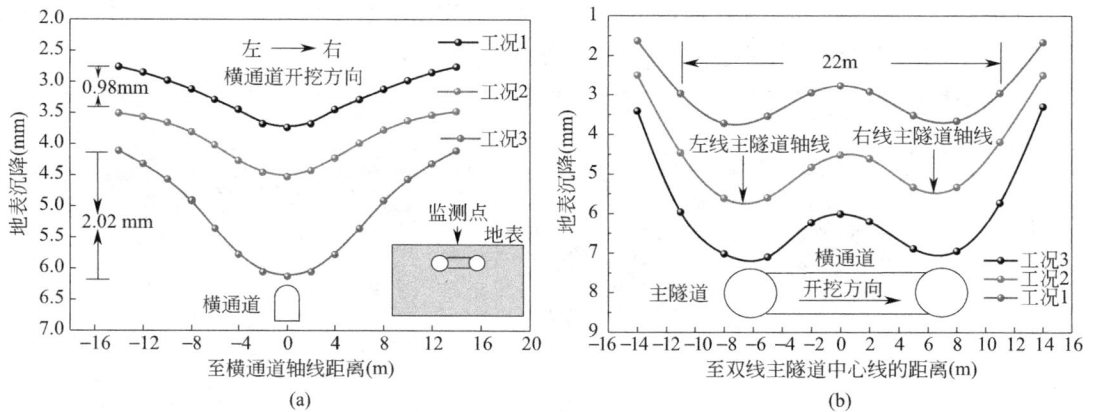

图 6-9　不同注浆强度下的地表沉降曲线
（a）沿着横通道轴线；（b）沿着双线主隧道中心线

图 6-10 为不同注浆强度下主隧道衬砌所受内力的变化情况，由图可知：①随着注浆强度的提高，主隧道和横通道的最大弯矩和最大轴力逐渐减小，但注浆工况 1 与注浆工况 2 的内力差异较小；②注浆对主隧道和横通道衬砌最大轴力的影响最大。

不同注浆强度下主隧道和横通道衬砌内力的变化情况如图 6-11 所示，由图可知：①随着注浆强度的提升，主隧道和横通道的最大主应力和最小主应力逐渐减小；②由于最大主应力通常为拉应力，最小主应力通常为压应力，3 种注浆强度下的主隧道和横通道最小主应力均小于素混凝土的抗压强度，但是对于最大主应力，在注浆工况 3 时，主隧道和横通道衬砌的最大拉应力大于素混凝土的抗拉强度，这将导致混凝土衬砌因受拉损坏；③随着注浆强度的提升，横通道衬砌的最大拉应力将小于混凝土的抗拉强度，并且不会发生受拉破坏。

不同的注浆强度下横通道衬砌的应力分量见表 6-9，并结合公式计算 f，以判断衬砌

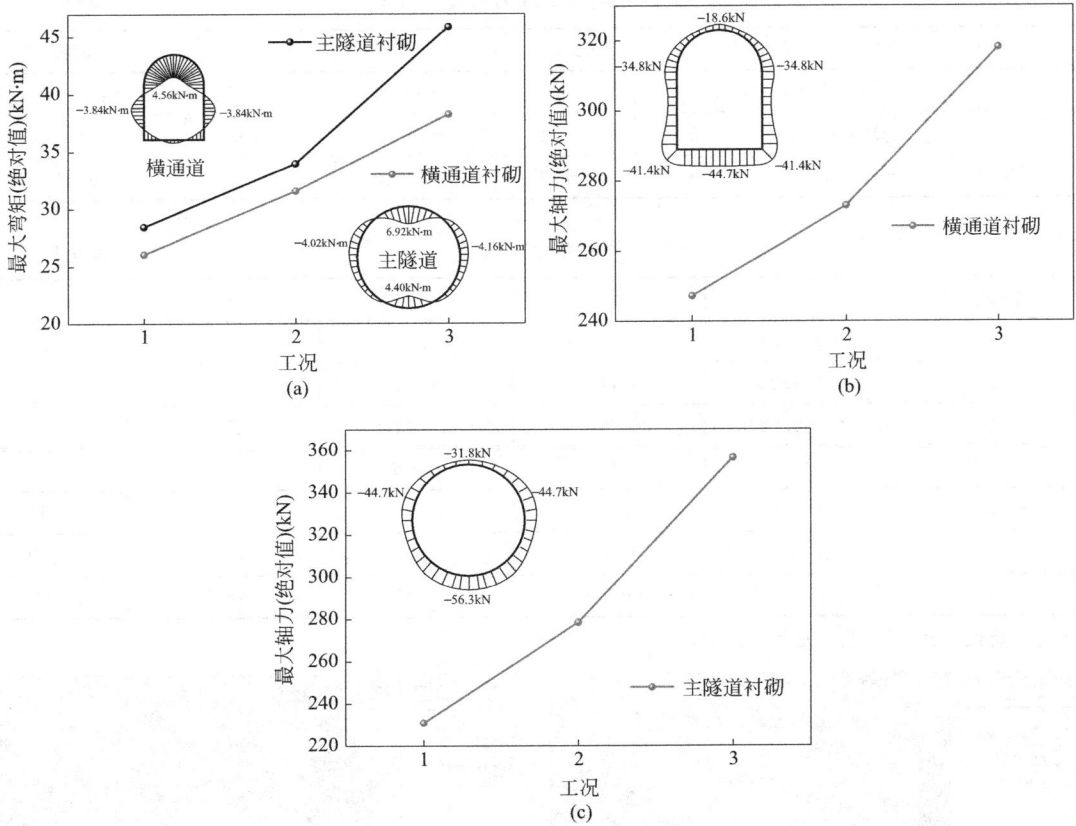

图 6-10　不同注浆强度下的隧道衬砌内力

（a）最大弯矩；（b）横通道衬砌；（c）主隧道衬砌

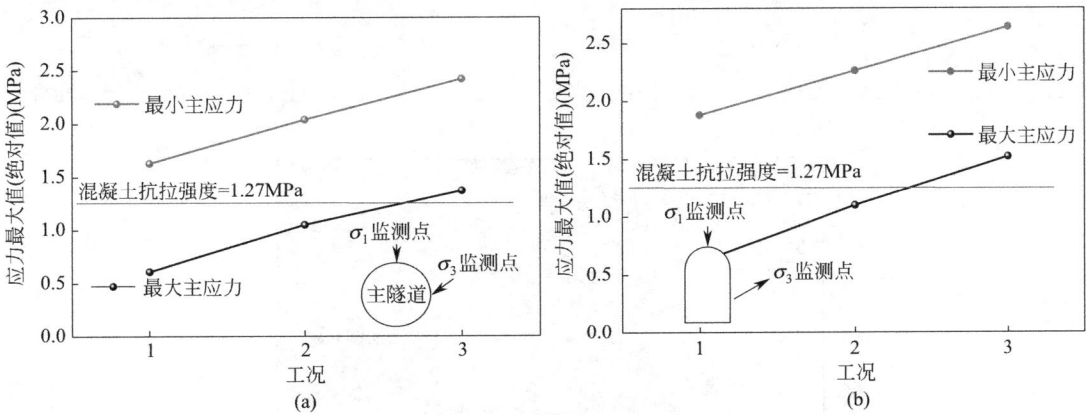

图 6-11　不同注浆强度下的隧道衬砌主应力

（a）主隧道衬砌；（b）横通道衬砌

结构是否会发生破坏，见表 6-10。从表 6-10 可以看出，当注浆强度为工况 3 时，f 的值大于 0，预示着会发生破坏，这与图 6-12 所示的塑性区云图一致。从图 6-12 中可以看出，随着注浆强度的提升，横通道围岩塑性区的范围越来越小。

不同注浆范围的应力分量（kPa）　　　　　　　　　　表 6-9

注浆工况	XX 应力	XY 应力	XZ 应力	YY 应力	YZ 应力	ZZ 应力
1	−101.8	3.05	−0.11	−60.99	−1.72	−108.54
2	−105.72	3.15	−0.16	−64.11	−1.68	−117.25
3	−114.1	0.88	−0.87	−71.69	−3.45	−154.23

计算结果（kPa）　　　　　　　　　　表 6-10

注浆工况	I_1	I_2	I_3	σ_{oct}	τ_{oct}
1	−271.33	23865.74	−672588.45	−90.44	21.14
2	−287.08	26677.51	−793221.27	−95.69	22.94
3	−340.02	36820.79	−1260037.97	−113.34	33.73

注浆工况	J_2	J_3	$\cos3\theta$	θ	f
1	25.89	6255.92	0.94	20.52	−5.51
2	28.10	7069.55	0.83	34.11	−0.80
3	41.31	1308.80	0.05	87.24	**12.37**

注：标红表示正值，将会发生受力破坏。

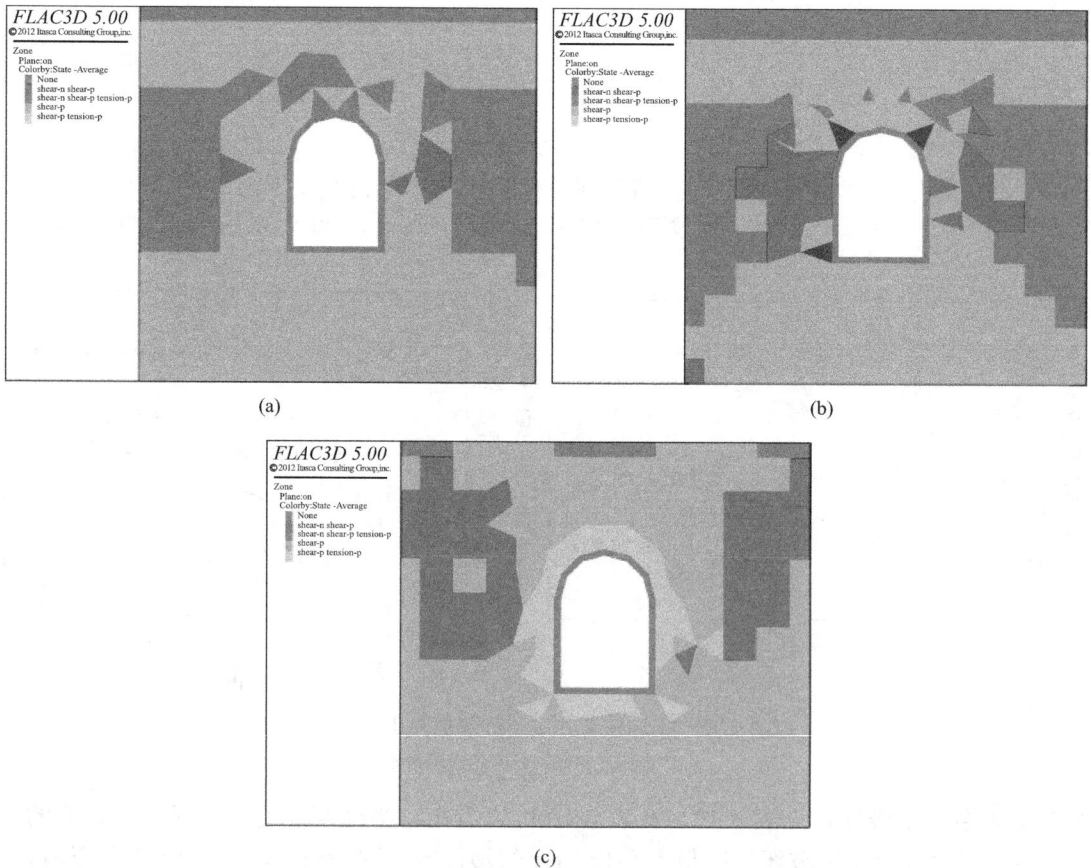

(a)

(b)

(c)

图 6-12　不同注浆强度下的横通道围岩塑性区云图
(a) 工况 1；(b) 工况 2；(c) 工况 3

6.4 本章小结

本章在前几章分析的基础上，提出了预注浆加固来实现变形控制和减小横通道施工对交叉空间结构的扰动，并运用数值模拟的手段，分析了预注浆加固机理，验证了注浆加固的有效性，并对比分析了不同注浆范围和注浆参数下的加固效果，得到了以下结论：

（1）注浆加固能有效降低地表一定范围内的不均匀沉降，注浆加固后地表最大沉降值相比于未注浆加固减少了 26.9%，其表现出了更好的抗沉性和整体稳定性。

（2）采用预注浆加固能有效降低横通道开挖对既有主隧道产生的扰动，表现出了更好的稳定性，但相比于未注浆加固，采用注浆加固则会降低经济性、增大施工难度和影响施工进度。

（3）在注浆宽度为 1m 的工况下，主隧道和横通道衬砌的最大拉应力大于素混凝土的抗拉强度，这将导致混凝土衬砌因受拉损坏，但当注浆加固范围为 2m 和 3m 时，均不会发生受力破坏，理论计算值与数值模拟得出的塑性区云图结果一致，故在本章所述的典型工况下，采用注浆加固范围为 2m 即可避免交叉空间结构的围岩发生塑性区破坏。

（4）在注浆工况 1 时，主隧道和横通道衬砌的最大拉应力大于素混凝土的抗拉强度，这将导致混凝土衬砌因受拉损坏。随着注浆强度的提升，横通道衬砌的最大拉应力将小于混凝土的抗拉强度，并且不会发生受拉破坏，在本章所述的典型工况下，采用注浆加固强度为工况 2 时即可避免交叉空间结构的围岩发生塑性区破坏。

（5）通过有效的注浆加固措施，可以大幅度减小地表沉降、既有主隧道的沉降和内力，施工中，应结合实际情况，合理选取注浆加固区域和注浆材料的强度，避免材料的浪费。

第七章　地铁横通道交叉隧道结构爆破施工与列车振动的动力特性研究

7.1　数值计算分析方法

本书采用有限差分软件 FLAC 3D 研究地铁横通道交叉隧道结构爆破施工与列车振动造成的动力特性分析。有限差分数值模拟方法发展较早且比较成熟，能够直接将微分问题变为代数问题，数学概念直观，表达简单，能够较好地模拟岩土介质中的施工与变形情况。本章主要介绍了建立的地铁横通道模型的边界条件、模型大小和施工方法，为研究横通道施工与列车振动影响进行准备工作。

7.1.1　模型阻尼与动力边界

为了模拟动载荷作用下地层对振动波的消耗与阻挡作用，这里采用施加阻尼的方法来模拟土体对动载荷传播的消耗作用。在数值软件 FLAC 3D 中有三种阻尼形式，其中瑞利阻尼可以通过选取自振频率，使阻尼自振频率不影响动载荷传播频率，用于模拟横通道爆破施工与列车振动模拟，使用瑞利阻尼时能够有效地降低横通道模型的刚度和质量分量，由图 7-1 可以看出，当使用叠加曲线时，能够较好地降低频率[53]。

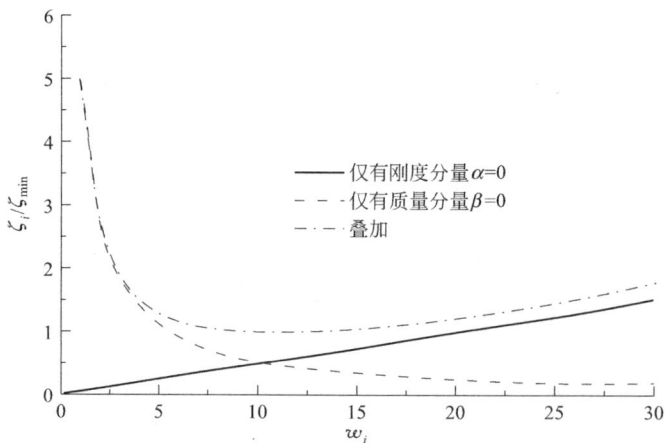

图 7-1　瑞利阻尼的阻尼比与频率之间的关系

在 FLAC 3D 动力问题中，模型周围边界会对振动波的传播有反射作用，尽可能地扩大边界条件可以降低反射率，但是当前试验设备达不到模拟要求，为了尽可能地降低模型边界对横通道动载荷模拟的影响，采用了静态边界条件来吸收模型边界上的振动波[106]。

7.1.2　计算循环

FLAC 3D 的计算循环如图 7-2 所示。

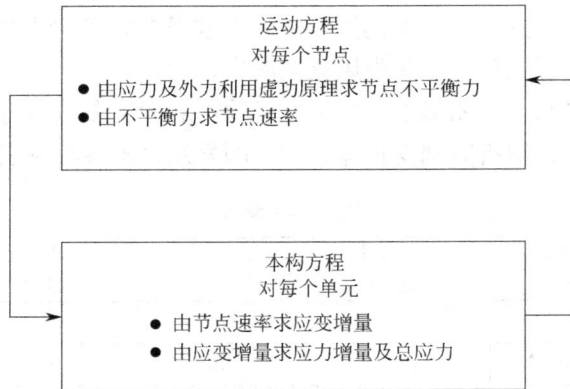

运动方程
对每个节点
● 由应力及外力利用虚功原理求节点不平衡力
● 由不平衡力求节点速率

本构方程
对每个单元
● 由节点速率求应变增量
● 由应变增量求应力增量及总应力

图 7-2　FLAC 3D 计算循环图

7.2　爆破施工振动作用数值分析方法

7.2.1　数值计算模型

为了分析横通道施工时，主隧道衬砌结构的应力和应变情况，采用有限差分软件 FLAC 3D 进行横通道施工的数值模拟计算。由于横通道的开挖是在主隧道完成后进行的，这时主隧道处于稳定状态，因此横通道模拟时假定主隧道已经贯通。

为了研究横通道爆破施工对衬砌结构的影响，建立三维 FLAC 3D 数值模型。建立的数值模拟模型长度为 70m，左右宽 60m，整体高度为 53m。主隧道埋深 15m，隧道直径为 6m，两隧道相距 10m，在两个主隧道之间进行横通道施工。横通道为"门"形，宽度为 3m，高度为 6m。模型地层采用摩尔-库仑模型，衬砌结构采用弹性模型。在既有主隧道开挖完成并完成初衬后进行横通道的施工开挖，施工方式采用全断面开挖方法，横通道衬砌厚度为 0.3m。整体模型和衬砌结构如图 7-3 和图 7-4 所示。

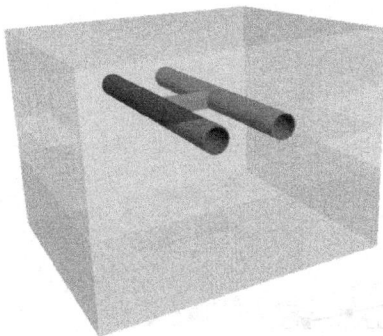

图 7-3　数值计算模型

图 7-4　衬砌结构
(a) 隧道衬砌；(b) 横通道

89

7.2.2　模型参数与模拟步骤

由于地铁在城市中大多采用的是盾构施工的方法，在城市郊区地层上部结构较为分散的地区多采用爆破施工的方法，为了模拟爆破施工过程中的实际情况，把模型的地层分为三层，分别为素填土、砾质黏性土和强风化花岗岩。

根据土工试验结果和以往相似工程的类比经验，对围岩参数进行取值。初次衬砌中的各种结构按照等效刚度原则折算到支护体系中，围岩及衬砌参数见表7-1。

数值计算参数　　　　　　　　　　　　　　　　表 7-1

结构名称	体积模量（MPa）	剪切模量（MPa）	内摩擦角（°）	黏聚力（kPa）	重度（kg/m³）
素填土	5.1	2.3	12	10	1950
砾质黏性土	18.4	8.5	20	23	1860
强风化花岗岩	72.9	44.1	25	45	1980
一、二次衬砌	14800	11100			

为了准确地模拟隧道施工过程中的冲击载荷，需进行工程爆破时的测量，根据工程测量情况和相似工程的经验，爆破载荷会随着时间先增加后衰退，采用载荷作用时间和爆破冲击载荷经验公式来施加动力载荷。用实际工程的装药量计算出爆破载荷施加在围岩上的应力大小，替代的爆破载荷采用三角形波。计算时爆破载荷在 0.01s 内增加，随后递减，0.06s 后动载荷消失。加载位置垂直于横通道的管壁。

$$P_D(t) = 4P_B \left[\exp(-Bt/\sqrt{2}) - \exp(-\sqrt{2}Bt) \right] \tag{7-1}$$

$$P_B = \frac{4.18 \times 10^{-7} \times S_{ge} \times v_e^2}{1 + 0.8 S_{ge}} \times \left(\frac{d_c}{d_h} \right)^3 \tag{7-2}$$

$$t = \frac{84}{K} \sqrt[3]{r^{-(2-\mu)}} \, m^{0.2} \tag{7-3}$$

其中，$P_D(t)$ 为爆破冲击载荷，B 为载荷常量，t 为作用时间，P_B 为实测爆轰速度为 D 和密度为 ρ_0 时的炸药爆轰压力，S_{ge} 为炸药密度，v_e 为爆轰速度，μ 为泊松比，m 为装药质量。等价载荷如图7-5所示[107]。

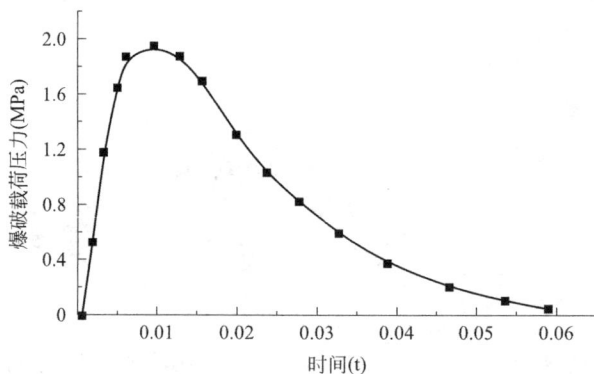

图 7-5　爆破载荷图

　　施加动载荷方式为施加在垂直隧道壁新建隧道的周围。在模拟静载荷下施工完成后，施加动载荷，位置为一次爆破循环作用的管壁，动载荷总体作用时间为 0.2s，动载荷施加的方向垂直管壁向外。通过哈尔滨地铁 2 号线的实际测量，得到各参数：D 为 3.5km/s；ρ_0 为 $1g/cm^3$；μ 为 0.23；m 为 28kg。

　　工程爆破数值模拟计算分为静力计算和动力计算两部分，在静力模拟的基础上才能进行动力模拟，FlAC 3D 数值模拟步骤为：① 建立模型，进行网格划分并确定动力参数；② 定义静力条件下的初始边界条件；③ 进行重力平衡，然后进行隧道静力开挖模拟，得到开挖后的结果；④ 选择动力模式，设置动力边界条件和阻尼条件；⑤施加动力载荷，进行动力计算，得到模拟结果[108]。

　　计算出爆破振动对岩土体表面的作用力后，应用有限差分软件 FLAC 3D 计算模型的应力响应，分析过程如图 7-6 所示。

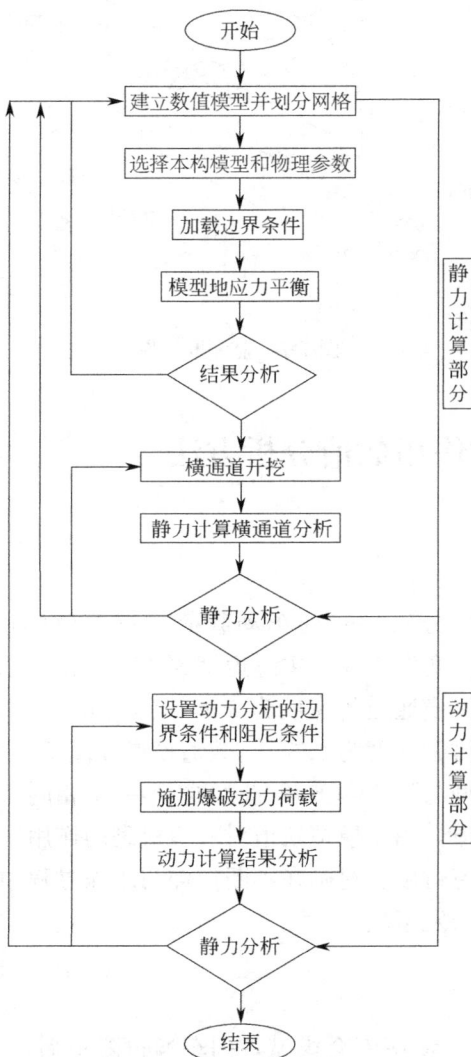

图 7-6　爆破数值计算步骤

7.2.3 数值监测方法

对数值模型中的主隧道和横通道断面进行监控测量以研究横通道施工对本身衬砌结构和主隧道的影响。如图 7-7 所示，在交叉断面处设置监测断面 XK80＋020、XK80＋025、XK80＋030、XK81＋010 和 XK81＋020。监测的项目主要包括拱顶沉降、隧道水平收敛和衬砌的应力等，在对数值模型监测的同时，对实际工程哈尔滨轨道交通 2 号线设置相同位置的监测点，用来同数值模型监测对比，主要的仪器包括全站仪和压力盒等设备。监测的主要位置在拱顶和两侧隧道管壁处。

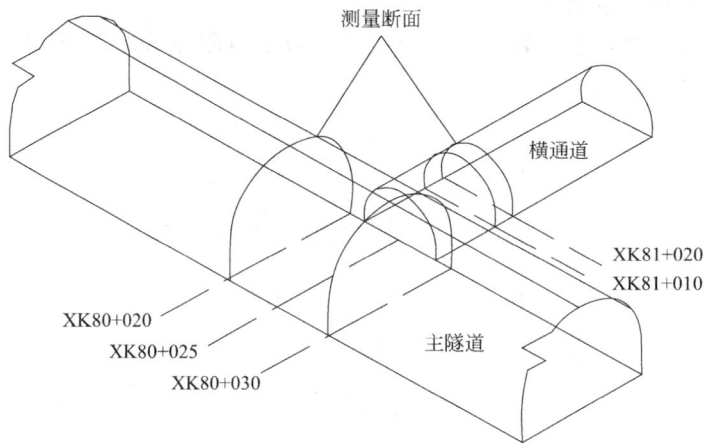

图 7-7　监测断面图

7.3　高速列车振动作用数值分析方法

7.3.1 数值计算模型

采用 FLAC 3D 有限差分软件对列车动载荷进行数值模拟。建立的数值模型长为 70m，左右宽 60m，整体高度为 53m，主隧道埋深 15m，隧道直径 6m，衬砌厚度 0.3m。在两隧道中间设置横通道。横通道的宽度为 3m，高为 5m。模型共 82358 个单元，29154 个节点。主隧道和横通道衬砌厚度为 0.3m，数值模型如图 7-8 所示。

建立的列车动载荷模型与隧道爆破开挖时的模型基本相同，不同之处在于列车振动模型增加了供列车行驶的轨道，用于模拟轨道对隧道衬砌的作用。在列车行驶过程中，列车的振动通过轨道传递给隧道衬砌。衬砌在不断拉伸与压缩过程中，当应变和应力值超过允许范围，就会造成破坏，引发事故。

7.3.2 数值计算参数

土体采用的数值模型为摩尔-库仑模型，列车通过隧道后，位移会发生回弹，因此采用弹性模型模拟隧道的衬砌结构。动载荷加载过程中采用黏性边界以减轻列车振动作用在模型边界上的反射作用。动力阻尼采用瑞利阻尼，用自振频率 20Hz 代替模型的中心频

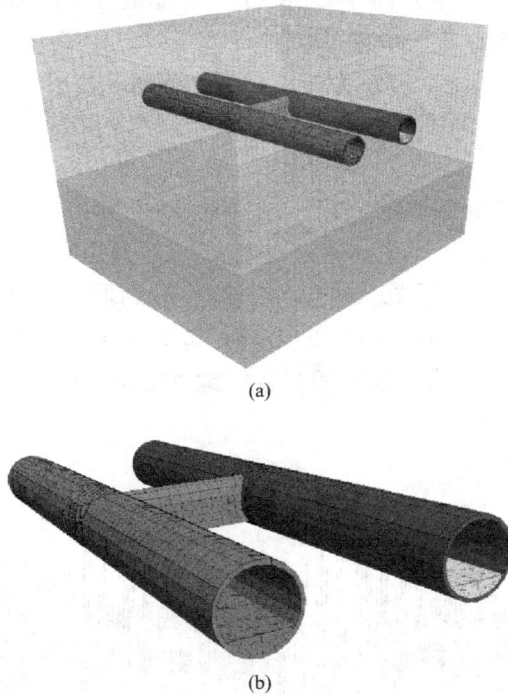

(a)

(b)

图 7-8　数值计算模型

（a）数值模型；（b）衬砌结构

率，阻尼比根据经验取 0.05。

　　为了研究动载荷对地铁横通道的影响，研究不同列车行驶状况下横通道的振动响应。模拟的三种情况分别为单隧道单向行驶、双隧道同向行驶和双隧道反向行驶（又称双向行驶）三种行驶情况。

　　模型共有三层土层，分别为素填土、砾质黏性土和强风化花岗岩。根据现场试验的结果和与以往相似工程的类比，围岩与衬砌的参数见表 7-2，列车加载模型的地层参数与横通道爆破施工的参数基本相同。

围岩和衬砌参数　　　　　　　　　　　　　　　　　　　　　　表 7-2

结构名称	体积模量(MPa)	剪切模量(MPa)	内摩擦角(°)	黏聚力(kPa)	重度(kg/m^3)
素填土	5.02	2.31	12	10	1950
砾质黏性土	18.41	8.45	20	23	1860
强风化花岗岩	72.79	44.07	25	45	1980
一、二次衬砌	14800	11100			

7.3.3　动载荷加载方法

　　确定列车载荷的方法主要有经验公式法和现场实测两种方法，现采用激励函数来模拟列车动载荷，有不少的研究人员对这方面工作进行过研究，修正后的激励函数表达式不仅考虑了轮轴力的移动和叠加，还考虑了轨道的不平顺和分散作用，采用的表达式激励模型为[109]：

$$P(t) = k_1 k_2 (P_0 + P_1 \sin w_1 t + P_2 \sin w_2 t + P_3 \sin w_3 t) \qquad (7\text{-}4)$$

其中，k_1 为相邻轮轨力叠加系数，取值 1.2～1.7；k_2 为钢轨分散系数，取值 0.6～0.9；P_0 为车辆静载；P_1，P_2，P_3 为振动载荷。令列车簧下质量为 M_0，则振动载荷幅值为：

$$p_i = M_0 a_i w_i^2 \qquad (7\text{-}5)$$

其中，a_i 为不平顺控制条件的矢高；w_i 为振动圆频率在不平顺控制条件下的计算式，表达式为：$w_i = 2\pi v / L_i$，v 为高速列车速度；L_i 为几何不平顺曲线的典型波长。

对三种控制条件下正矢进行 20%～30% 折减，分别取其典型的不平顺振动波长的相对矢高为：$l_1 = 10m$，$a_1 = 3.5m$；$l_2 = 2m$，$a_2 = 0.4m$，$l_3 = 0.5m$，$a_3 = 0.08m$。参考地铁设计规范[110]，列车轴重 16t，簧下质量 M_0 取 750kg，列车车速 80km/h 的列车载荷模拟时程曲线如图 7-9 所示。

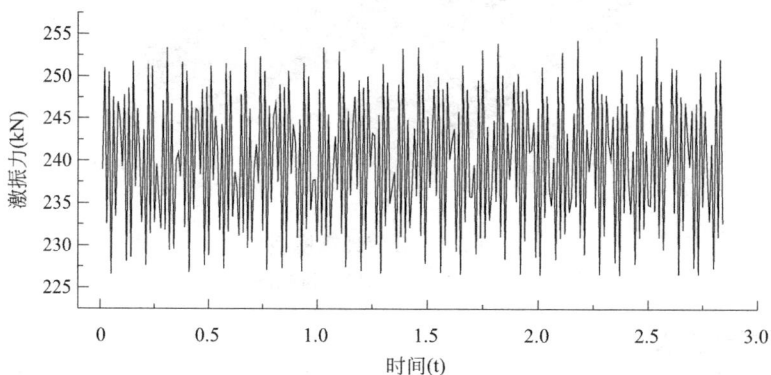

图 7-9 列车载荷

根据列车的振动方程，把列车动载加载到衬砌结构的轨道上，由于列车载荷是随时间变化的，因此通过实践函数模拟激振力的变化，从而研究横通道的位移和受力情况。

列车动载荷的数值模拟方法与施工爆破振动时的模拟过程相似，都是包括静力部分和动力荷载部分。先通过建立数值模型，在静力条件下进行地应力平衡。然后进行列车载荷的加载，加载位置作用在主衬砌结构的轨道上。与爆破施工不同之处在于动载荷的加载位置和动载荷方程不同，并且，列车行驶时是在施工完成后的隧道的结构中，衬砌结构和横通道与施工时相比较为稳定，受到振动作用时的影响较施工作用小。列车动载荷的加载方式如图 7-10 所示。

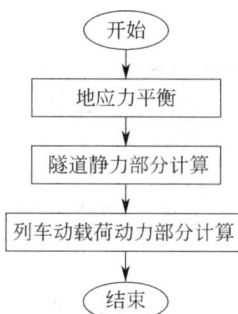

图 7-10 动载荷加载步骤

7.3.4 监测方法

在模拟列车载荷振动的过程中，结合工程实际情况和数值模型，对模型的各个位置进行监测，分别在地表设置沉降观测点和在横通道断面处观察应力和应变情况。监测点和监测断面的位置如图 7-11 所示。

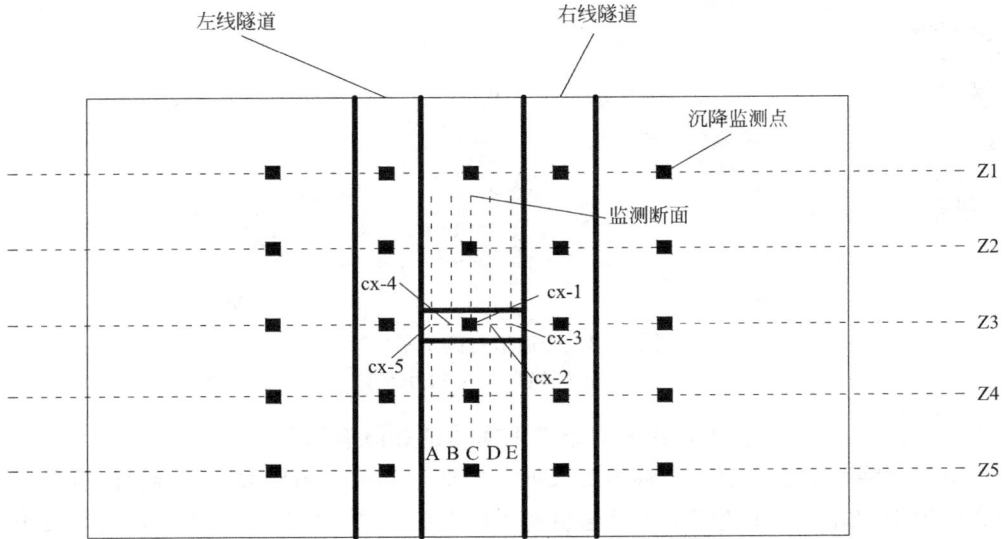

图 7-11　隧道断面图

地铁横通道结构在施工和运营过程中经常受到施工爆破载荷和列车行驶动载荷的作用。当动载荷超出横通道衬砌的承受范围时，会对地下轨道交通带来严重的破坏，数值模拟具有成本低、可重复性等特点，成为研究动载荷常用的技术手段。本章基于 FLAC 3D 有限差分软件，建立横通道数值模型，研究横通道在爆破开挖和列车行驶过程中的力学机理。根据模拟结果分别绘制了横通道衬砌应力应变和速度曲线，并通过改变振动过程中的模拟条件，探讨横通道施工角度、爆破方式、隧道埋深、围岩等级、列车时速等因素对横通道结构力学机理的影响。

7.4　横通道施工爆破力学机理分析

7.4.1　衬砌位移

横通道施工时先拆除隧道管片，进行横通道静力开挖，然后施加动载荷进行横通道爆破施工模拟。在横通道的施工过程中，主隧道与横通道交叉部位的上部垂直方向上表现为沉降，下部出现隆起现象。在水平方向上的位移较垂直方向小，主要出现在横通道的两侧。在横通道开挖 5m 后，隧道结构在静力计算和动力计算下的竖直位移和水平位移如图 7-12 和图 7-13 所示。

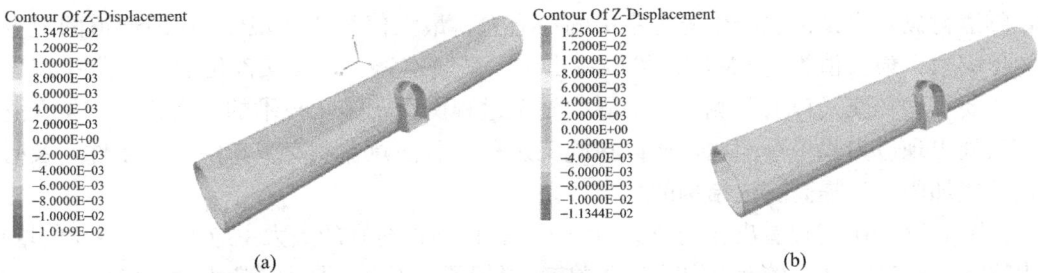

图 7-12　横通道衬砌竖向位移

（a）静力计算；（b）动力计算

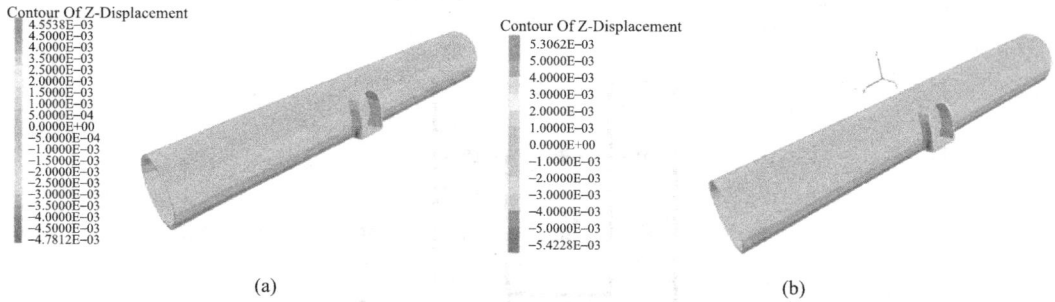

图 7-13　横通道衬砌水平位移
（a）静力计算；（b）动力计算

由图 7-12（a）可以看出，在静力条件下横通道和既有隧道衬砌结构的竖向位移主要表现为上部沉降，下部隆起。在隧道交叉处，横通道的沉降值要大于主隧道的沉降值，沉降最大值为 10.2mm，在随着距离横通道施工位置的增加，竖向位移逐渐降低，最小值为 2.0mm。同时，由于土体的相互挤压，在隧道的内部出现隆起的现象，这必然会对主隧道的稳定性产生破坏性的影响，影响区域主要在两隧道交叉处。由图 7-12（b）可知，当横通道经过爆破作用后衬砌各部位的沉降、隆起趋势和静力条件下基本相同，也是变形为上部沉降，下部隆起。但是经过动载荷的作用，沉降的最大数值由 10.2mm 变为 11.3mm，增加了 13%，底部的隆起量由最大值 13.4mm 降低到 12.5mm，轻微减小了 4%，这可能是由于爆破作用使土体松散引起的，导致沉降量增加而土体隆起量降低。

由图 7-13 可以看出，静力条件下，横通道的水平位移较小，产生的水平位移最大值为 5.4mm，远远小于施工作用对竖向位移的影响，产生向隧道内部方向的位移。在动力作用下，横通道衬砌水平方向位移的最大值由 4.8mm 变为 5.4mm，增加了大约 12.5%，横通道的开挖对衬砌结构横向位移的影响不大。横通道两侧的土体对横通道的内部结构有着一定的挤压所用。总体来说，隧道衬砌的水平和竖向位移主要集中在横通道与既有隧道的交叉位置，需要重点防护来降低衬砌失稳的可能性。另外，横通道爆破施工对水平方向位移的影响要远大于衬砌结构水平方向位移，这一方面与炮眼的布设位置有关，另一方面是由于水平方向岩石的压力较大，给衬砌结构较高的支撑强度。

7.4.2　衬砌应力

横通道施工的数值模拟结果和实际监测值如图 7-14 和表 7-3 所示。由图 7-14（a）可知，隧道衬砌在交叉部位产生应力集中的拉应力，最大值为 4.9MPa，在横通道的上方表现为压应力，最大值为 2.6MPa。可以看出由于横通道施工，交叉部位的应力集中现象明显，主要集中在交叉口的两侧。在实际的施工过程中由于施工技术的不完善，容易在隧道的交叉处出现应力集中等问题，所以在施工过程中要注意监测交叉点的应力条件，及时对薄弱位置加固，来提高隧道结构的稳定性。

由图 7-14（b）可以看出在动载荷的作用下，横通道衬砌的最大主应力有了明显的增加，最大拉应力为 5.5MPa，较静力作用下的拉应力增加了约 45%，最大压应力为 3.2MPa，较静力作用下的压应力增加 22%。在动载荷的作用下应力的集中区域没有明显的变化，还是集中在隧道的交叉部位。由表 7-3 可知，监测点的应力也存在集中现象，交叉处应力最大，监测的应力最大值出现在断面 XK80+025，最大值为 6.8MPa，监测点 XK81+010、XK81+020、XK80+020 和 XK80+030 处最大应力分别为 6.2MPa、4.8MPa、5.6MPa 和 5.1MPa。综上所述，横通道衬砌结构的应力也是在交叉部位出现的集中现象，当动载荷加载后，应力集中作用明显增大，与位移相比，应力在爆破作用下增加幅度明显，因此相比于对衬砌结构位移的控制，更加需要对衬砌结构应力的防护，来增强结构的安全冗余度。

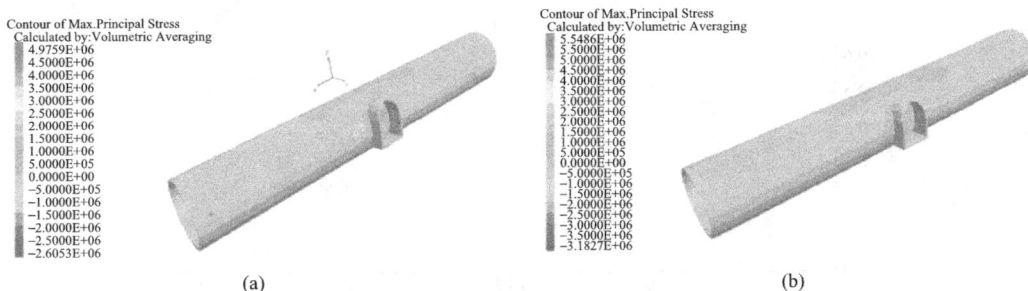

(a)　　　　　　　　　　　　　　　　　(b)

图 7-14　最大主应力图

(a) 静力计算；(b) 动力计算

应力监测表　　　　　　　　　　　　　　表 7-3

监测断面	XK81+010	XK81+020	XK80+020	XK80+025	XK80+030
最大主应力（MPa）	6.2	4.8	5.6	6.8	5.1

7.4.3　振动速度

当横通道开挖到 7m，监测断面 XK81+020 距离爆破位置 1m 时，断面 XK81+010、XK81+020、XK80+020 和 XK80+030 处数值模拟的速度如图 7-15 所示。由图 7-15 可知，衬砌的振动速度在 0.01s 处达到峰值，峰值最大的是 XK81+020 断面，位于横通道离爆破施工位置最近的断面上，随后开始下降，0.06s 后在波动中趋于稳定。

由 7-15 (a) 可以看出，监测点 XK81+010 处拱腰部位的速度最大值在 0.63 m/s 左右，拱腰右侧较左侧先到达最大值，拱底的速度最大值为 0.44m/s，拱顶为 0.43m/s。可以看到第二次波峰在 0.06s 处，各个位置又出现了邻域内速度的最大值，最大值为第一次波峰的 40%，最终在 0.105s 处出现一次速度的峰值，为第二次峰值的 30% 左右。随着时间的增加速度最后趋于稳定。由图 7-15 (b) 可以看出，XK81+020 监测点在 0.01s 时拱腰出现速度的最大值为 1.60m/s，左右两侧的速度大致相同，随后是拱顶和拱底位置，速度的最大值为 0.58m/s，第二次波峰各位置的速度最大值基本相同，为 0.22m/s。XK80+020 监测点处拱顶、拱底、拱腰左侧和拱腰右侧的速度最大值分别为 0.41m/s、0.40m/s、0.39m/s 和 0.57m/s。可以看出拱腰右侧的速度最大，其他三个部位速度基本相同。第二次波峰处各个位置的速度基本相同，为 0.26m/s，随后趋于稳定。由图 7-15 (d) 可以看出，监测点 XK80+030 的拱腰左侧振动最大，数值为 0.6m/s 左右，其他三个位置基本相同，在 0.44m/s 左右，二次波峰的最大值为 0.26m/s。另外，四个监测点的速度曲线都是在 0.02s 左右出现第一次波峰，然后在 0.06s 时出现第二次波峰，最后在 0.11s 时出现第三次速度的递增，这里的波峰会出现两次最大值的现象，这是由于监测速度的过程中记录的是速度的绝对值，而在实际振动过程中速度是有方向的，会在方向相反的位置出现另一次速度的峰值。

在爆破位置附近的监测断面 XK81＋020 处速度达到了 1.62m/s，其他监测面的速度较小，其中断面 XK81＋010 最大速度为 0.62m/s，断面 XK80＋020 的最大速度为 0.58m/s。由于 XK81＋020 处距离爆破位置最近，振动影响最大，所以加固爆破点附近的支护显得十分重要。各个断面振动速度的位置的拱腰部位速度最大，对于拱底的影响相对较小，拱腰的振动速度为拱底振动速度的 1.5～2 倍，因此，拱腰的防护应该是衬砌加固的重点。

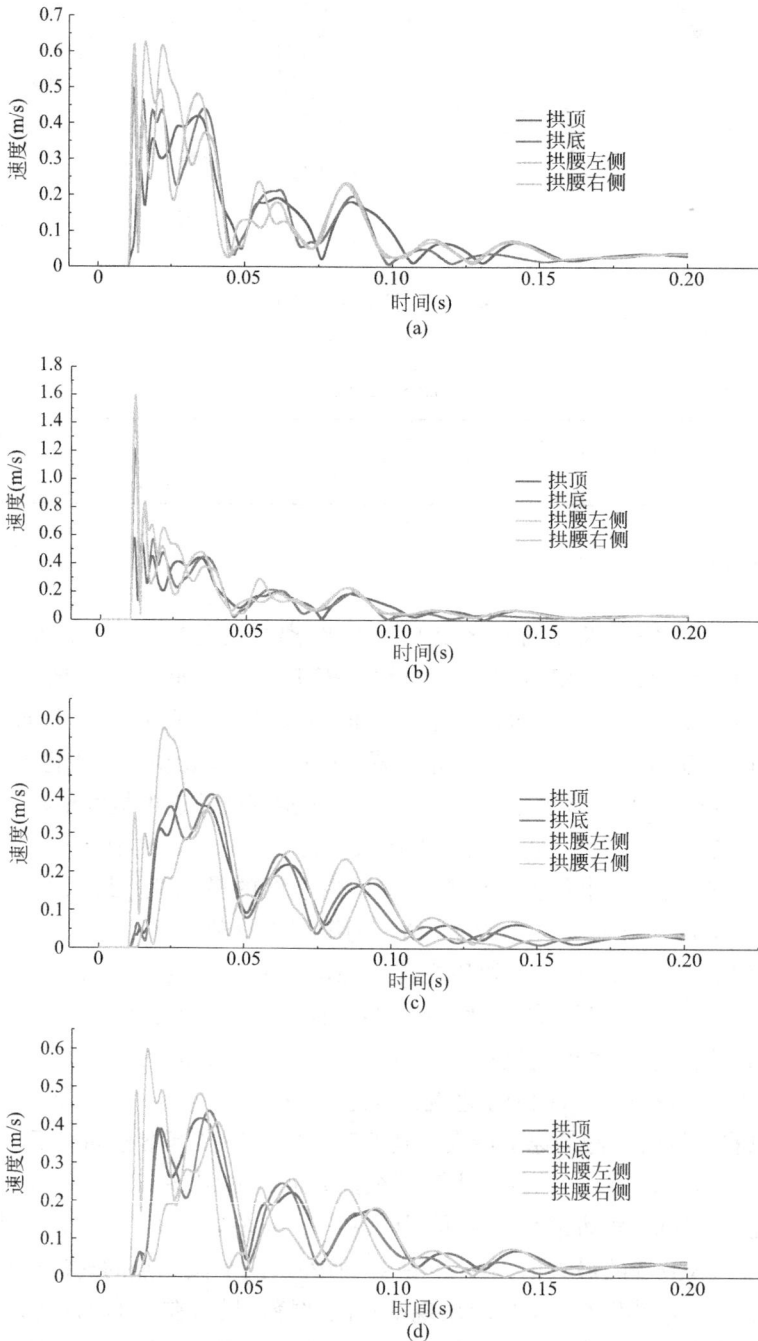

图 7-15　衬砌振动速度

(a) XK81＋010；(b) XK81＋020；(c) XK80＋020；(d) XK80＋30

7.4.4　横通道影响因素动力响应分析

1. 不同施工角度下动力响应

为了研究横通道与主隧道不同角度下的围岩稳定性影响，在其他施工条件相同的情况下，建立横通道与主隧道呈 30°和 60°夹角下的数值计算模型，并与 90°时的模型进行对比，分析不同角度时的衬砌应力应变情况和对既有隧道结构的影响。建立的数值模型衬砌结构如图 7-16 所示。

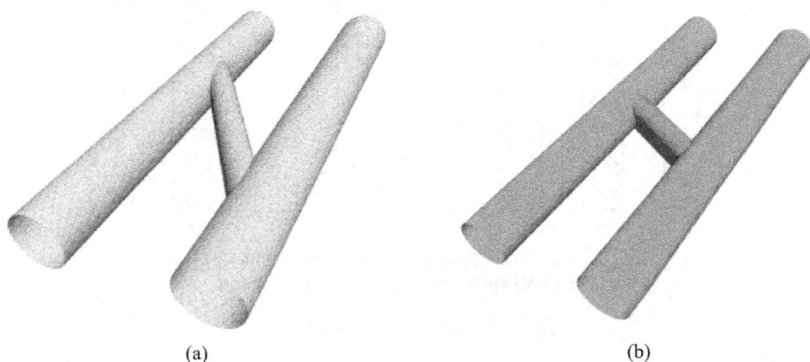

(a)　　　　　　　　　　　　　　　　(b)

图 7-16　数值计算模型

（a）30°夹角模型；（b）60°夹角模型

为了比较三种施工方案对既有主隧道衬砌结构稳定性的影响，选取监测面 XK80＋025 处的最终变形情况进行对比，如图 7-17 所示。由图可知，各工况的最终沉降情况相差较为明显，横通道与主隧道交叉角度为 30°时衬砌结构的变形最大，当交叉角度为 30°时衬砌的最大地表沉降量、横向变形量、拱顶沉降量和拱底隆起量分别为 11.6mm、9.1mm、15.3mm 和 18.2mm；60°时的衬砌变形量居中，在交叉角度为 60°时，衬砌的最大地表沉降量、横向变形量、拱顶沉降量和拱底隆起量依次是 10.4mm、8.6mm、13.6mm 和 15.4mm；90°时的衬砌变形量最小，此时的最大地表沉降量、横向变形量、拱顶沉降量和拱底隆起量为 8.5mm、8.6mm、10.2mm 和 13.5mm。90°时的隧道衬砌变形比 30°时的变形小 35％左右，在横通道的设计中尽可能地采用 90°时开挖角施工的方法，能够降低一部分由于角度带来的变形。

另外，衬砌不同位置的变形量从大到小依次为拱底隆起量、拱顶沉降量、地表沉降量和横向变形量，衬砌的横向变形虽然较其他变形量相对较小，但是横向不均匀变形对隧道结构的影响较竖向变形大，这在施工过程中也不能忽视。综上所述，在横通道开挖施工时要尽量呈 90°，当横通道与主隧道角度越尖锐时，隧道衬砌所受的破坏越大。

2. 不同爆破方式下的振动速度

在不改变其他施工条件的前提下，采用连续弱爆破的方法进行横通道的开挖，XK81＋010 断面的速度如图 7-18 所示。模拟时采用一半的装药量进行横通道的开挖，进行两次连续爆破。

由图 7-18 所示，每次爆破衬砌的振动与全断面一次开挖的趋势相似，都是振速到达峰值后逐渐稳定。随着第一次爆破振动的影响，衬砌结构的振动速度达到了 0.19m/s，接

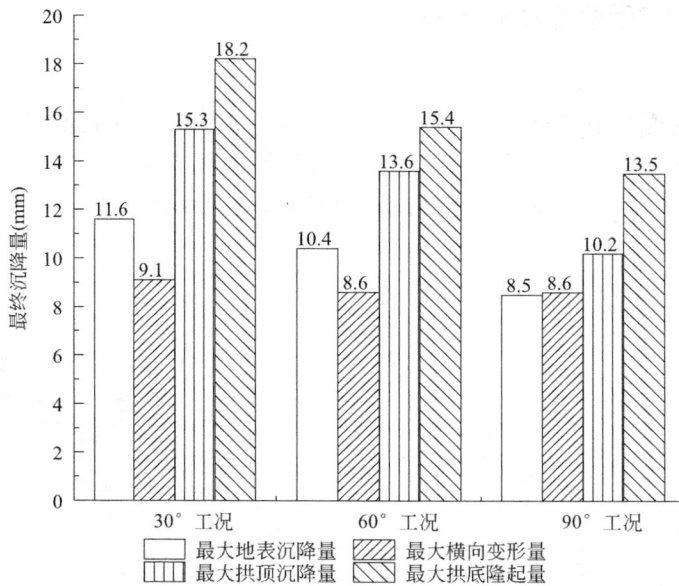

图 7-17　各工况最终沉降量

着速度下降达到稳定水平，又经过第二次的爆破作用，速度上升到 0.21m/s。两次爆破振动时的速度相差不大，振动速度最大的位置同样在拱腰处，最大值为 0.22m/s，拱底的振动速度最小，振动的最小值为 0.17m/s，两者相差 17%。对于衬砌不同位置的振动速度情况，第一次爆破时拱腰右侧的振动速度最大，最大速度为 0.19m/s，拱顶、拱底和拱腰左侧第一次波峰的速度基本相同，数值为 0.14m/s。当施工进行第二次爆破时，振动的最大部位是在拱腰左侧，达到了 0.21m/s，拱顶、拱底和拱腰右侧的速度相同，数值达到了 0.15m/s。最后经过地层的能量损耗，振动速度逐渐降低。

两次弱爆破的振速最大值为 0.22m/s，比图 7-15 中振动速度的峰值 0.62m/s 小了约 65%，振动速度明显降低。采用较小装药量的方法不仅可以提高衬砌结构的稳定性，还可以降低衬砌结构加固措施的成本。因此，在横通道爆破施工时采用较小装药量的弱爆破施工，能够有效地降低主隧道衬砌结构的振速，保证衬砌结构的稳定性。

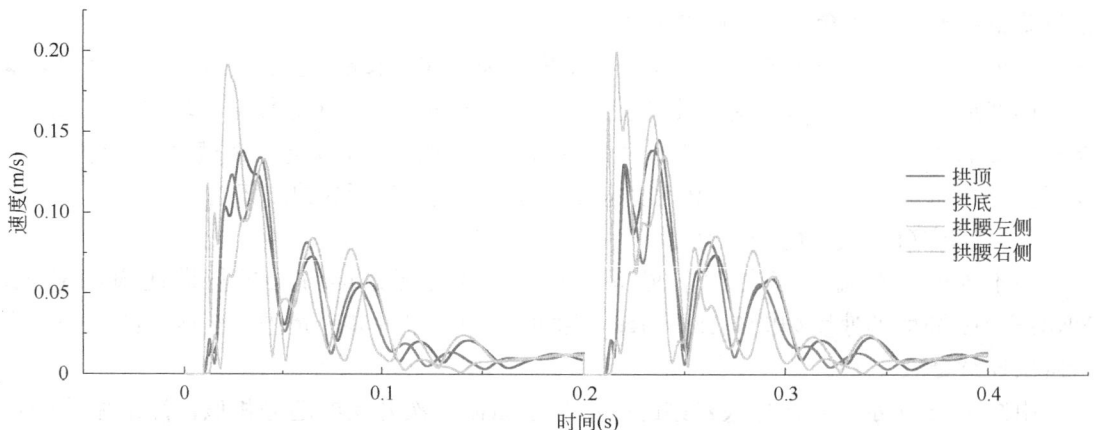

图 7-18　监测面 XK81+010 弱爆破振动速度

3. 不同埋深下的动力响应

在不改变其他施工条件的前提下，改变隧道的埋深以研究不同的横通道深度对主通道振动速度和拱顶沉降的影响。施工角度为 90°，在Ⅳ级围岩地质条件下，采用全断面开挖的方法，横通道埋深在 5m、10m、15m 和 20m 时主隧道结构的速度和沉降曲线如图 7-19 和图 7-20 所示。

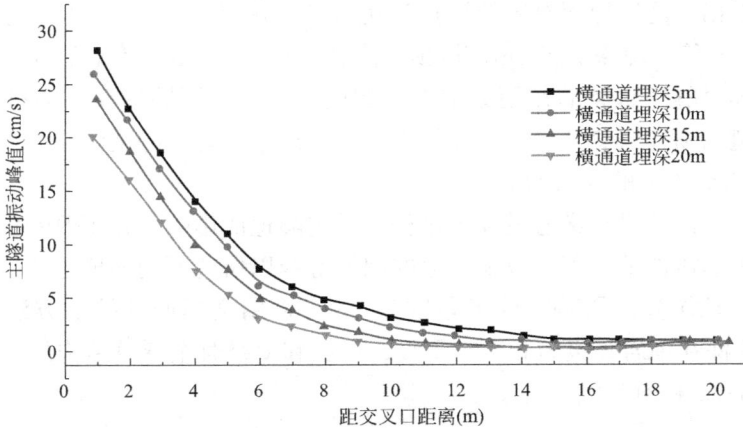

图 7-19　主隧道振动速度

如图 7-19 所示，随着距离交叉口位置的增加，主隧道的振动峰值呈下降趋势。其中，隧道埋深 5m 时振动速度最大，最大振动速度为 27cm/s，随着距爆破位置的增加，在距交叉口 8m 处降到 5cm/s 左右，最后在 14m 处速度逐渐降为 0；横通道埋深 10m 和 15m 时振动速度居中，振动速度的最大值分别为 26cm/s 和 24cm/s，在距离 10m 后基本降低到 10cm/s 以下；横通道埋深为 20m 时主隧道的振动峰值最小，为 20cm/s，在距离交叉口位置 8m 处降为 3cm/s，随后振动作用随着距离的增加而消失。

可以看出随着横通道埋深的逐渐增加，主隧道的振动峰值是逐渐降低的，隧道埋深 20m 时的沉降约为隧道埋深 5m 时沉降的 75%，但是随着隧道埋深的增加，开挖的成本和对地下管道及水源的影响就更大，所以在隧道埋深的设计过程中也要综合考虑其他方面的因素。

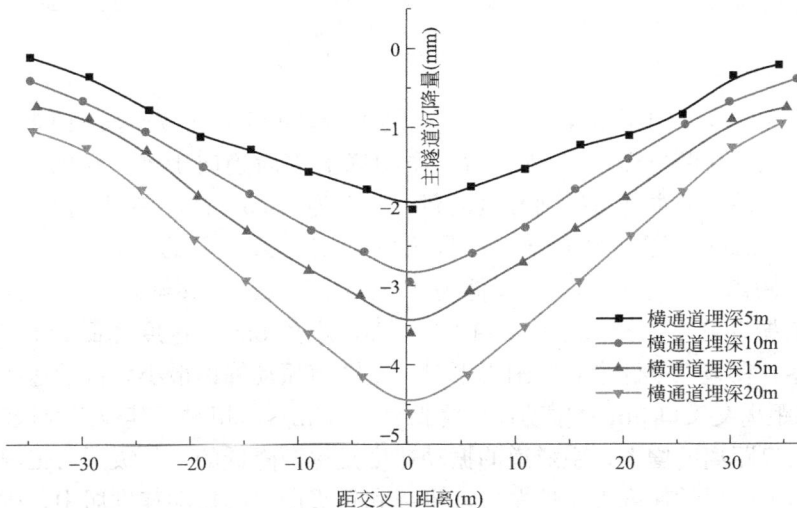

图 7-20　主隧道拱顶沉降

如图 7-20 所示，随着横通道开挖面与主隧道交叉口距离的增大，主隧道沉降量呈增加趋势。横通道埋深 5m 时，主隧道的拱顶沉降最小，数值为 2.0mm，随着距离的增加逐渐趋向于零；横通道埋深 10m 和 15m 时，主隧道的拱顶沉降居中，最大沉降分别为 2.9mm 和 3.4mm，当距离足够远时趋向于零；当横通道埋深 20m 时，主隧道的拱顶沉降最大，数值为 4.9mm，同样在无穷远时趋向于零。

由此可以看出，隧道埋深对主隧道拱顶沉降的影响较大，埋深 20m 时的沉降大约为埋深 5m 时的 2.5 倍，埋深下降 1m，拱顶沉降会增加 1.0mm 左右，这是由于随着开挖深度的增加，土体对隧道衬砌的作用力增大引起的。另外，不同埋深下的拱顶沉降趋势相同，都是主隧道的横通道交叉口处沉降最大，当距离增加时沉降逐渐趋向于零。

4. 不同围岩等级下的动力响应

为了研究围岩的等级在横通道施工过程中对主隧道的影响，在不改变横通道的施工方式、开挖角度和埋深的情况下，改变隧道的围岩等级以研究不同的横通道围岩强度对主通道振动速度和拱顶沉降的影响。施工角度为 90°，采用全断面开挖的方法，隧道埋深为 15m，横通道埋深在围岩等级为Ⅱ级、Ⅲ级、Ⅳ级和Ⅴ级时主隧道结构的振动速度和拱顶沉降曲线如图 7-21 和图 7-22 所示。

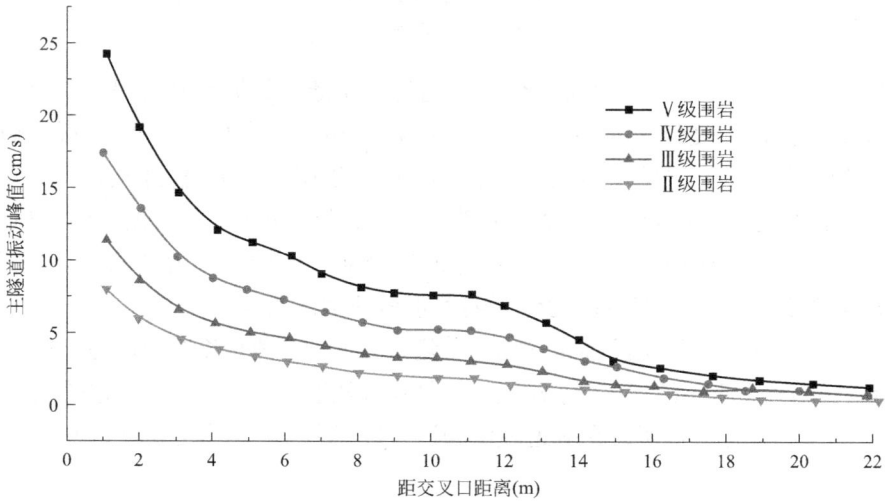

图 7-21　主隧道振动速度

由图 7-21 可知，在不同围岩等级下，主隧道振动峰值的趋势基本相同，都是交叉口处振动速度最大，在距离交叉口 22m 后，振动峰值逐渐趋向于零。在四种围岩等级下，Ⅴ级围岩施工条件下的主隧道振动峰值最高，最大为 24.5cm/s，在距离 14m 后振动速度降为 5.0cm/s，22m 后逐渐趋向于零；Ⅲ级围岩施工条件下的主隧道振动最大峰值为 17.1cm/s，在距离 14m 后振动速度降低为 4.9cm/s，22m 后逐渐降为零。Ⅲ级围岩施工条件下主隧道振动峰值的最大速度为 12.8cm/s，距离 8m 后速度降低到 5.2cm/s 以下，随后趋向于零。在施工条件为Ⅱ级围岩下时，主隧道振动峰值最小，振动速度的最大值为 6.3cm/s，在距离交叉口 3m 时振动速度降低到 5.0cm/s，相对于其他工况振动速度最小。随着距离交叉口距离的增大，主隧道的振动速度是逐渐降低的，Ⅴ级围岩工况下的振动速度比Ⅱ级围岩下的振动速度大 4 倍左右，Ⅲ级和Ⅳ级围岩的振动速度居中，因此对于高强度围岩等级的施工条件下，振动速度的防护更为重要。

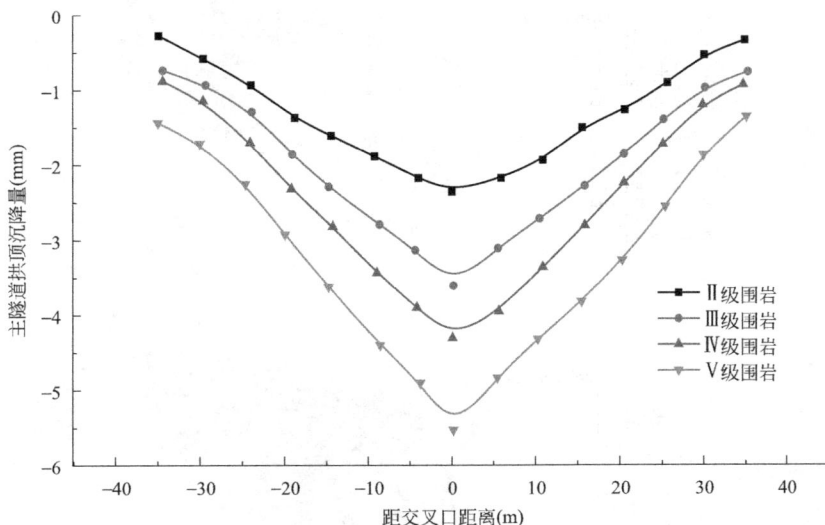

图 7-22　主隧道拱顶沉降

由图 7-22 可知，主隧道拱顶沉降呈凹型曲线，在距离交叉口最近处沉降值最大，随着距离的增加，沉降值逐渐降低，最后趋向于零。在四种不同的围岩条件下，Ⅱ级围岩工况下的主隧道拱顶沉降最小，沉降的最大值为 2.0mm，在距离 20m 后沉降值降低到 1mm 以内；Ⅲ级围岩和Ⅳ级围岩下的主隧道拱顶沉降居中，最大值分别为 3.5mm 和 4.1mm，Ⅲ级围岩在距离隧道交叉位置 30m 后降低到 1mm 以内，Ⅳ级围岩在距离交叉口 30m 后也降低为 1mm；Ⅴ级围岩工况下的主隧道拱顶沉降最大，沉降的最大值为 5.5mm，当距离横通道出口 40m 后降低为零。综上所述，围岩等级对主隧道拱顶沉降的影响较大，Ⅴ级围岩下的主隧道拱顶沉降是Ⅱ级围岩下隧道拱顶沉降的 2.5 倍，同时围岩等级较小的工况下，需要距离交叉口更远才能达到沉降值 1mm 以下。

7.5　高速列车振动力学机理分析

7.5.1　位移分析

1. 横通道位移

图 7-23 分别为列车单向行驶、双线同向行驶和双线隧道反向行驶时的横通道衬砌竖向位移云图。由图 7-23 可知，三种工况造成的横通道沉降情况都比较小。列车单向行驶时的横通道最大沉降为 0.49mm，沉降最大的位置在列车行驶的隧道管壁与横通道的交汇处，行驶侧的沉降值比无列车通过一侧的沉降值大 11.6% 左右；列车同向行驶和列车双向行驶造成的沉降趋势相似，最大位置都是出现在横通道中间位置，列车同向行驶时的横通道沉降最大值为 0.99mm；双列车同向行驶时造成的沉降的差异性较小，同时双列车反向行驶时横通道沉降的最大值为 0.98m。总而言之，列车行驶对横通道造成的位移影响较小，但是也要防止衬砌结构的反复拉伸和收缩作用，列车振动对横通道衬砌位移的影响在 1mm 以内。单列车通过时使横通道发生不均匀沉降，需要对不同沉降位置进行防护。

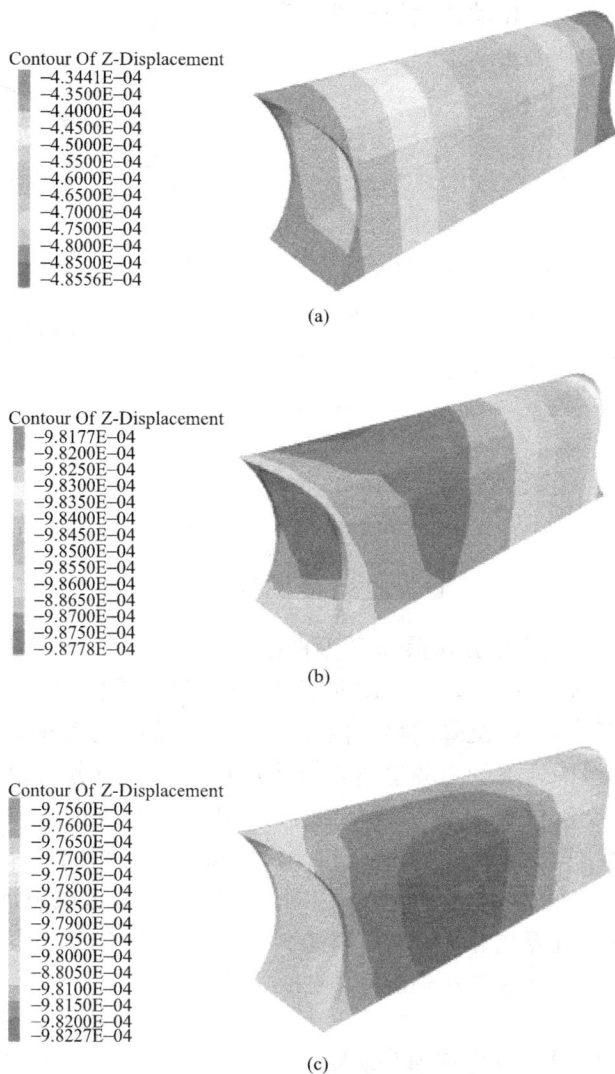

Contour Of Z-Displacement
```
-4.3441E-04
-4.3500E-04
-4.4000E-04
-4.4500E-04
-4.5000E-04
-4.5500E-04
-4.6000E-04
-4.6500E-04
-4.7000E-04
-4.7500E-04
-4.8000E-04
-4.8500E-04
-4.8556E-04
```
(a)

Contour Of Z-Displacement
```
-9.8177E-04
-9.8200E-04
-9.8250E-04
-9.8300E-04
-9.8350E-04
-9.8400E-04
-9.8450E-04
-9.8500E-04
-9.8550E-04
-9.8600E-04
-8.8650E-04
-9.8700E-04
-9.8750E-04
-9.8778E-04
```
(b)

Contour Of Z-Displacement
```
-9.7560E-04
-9.7600E-04
-9.7650E-04
-9.7700E-04
-9.7750E-04
-9.7800E-04
-9.7850E-04
-9.7900E-04
-9.7950E-04
-9.8000E-04
-8.8050E-04
-9.8100E-04
-9.8150E-04
-9.8200E-04
-9.8227E-04
```
(c)

图 7-23　横通道衬砌位移云图
（a）单向行驶；（b）同向行驶；（c）双向行驶

图 7-24 为双线列车反向行驶时，不同断面处的横通道拱顶沉降随列车行驶时间变化的曲线。由图 7-24 可知，横通道拱顶的沉降曲线与地表沉降曲线相似，都是随着列车距离的减小，沉降逐渐增加，随后又由于列车的远离发生轻微的回弹，但是与地表沉降相比，回弹程度较低。随着断面到列车距离的增加，沉降逐渐减小。横通道衬砌沉降的最大值出现在 A 断面，最大值为 0.67mm，当列车行驶过后衬砌会发生永久性的沉降，当列车行驶时间 3s 后积累的沉降基本稳定在 0.50mm；断面 B 的沉降最大值为 0.61mm，列车行驶 3s 后沉降值为 0.51mm；监测断面 C 的横通道拱顶沉降最大值为 0.55mm，列车行驶 3s 后降低为 0.49mm；监测断面 D 的横通道拱顶沉降最大值为 0.52mm，列车行驶3s 后沉降值基本不变，数值为 0.47mm；横通道拱顶沉降最小的为监测断面 E，断面 E 的最大拱顶沉降为 0.47mm，列车行驶过后也稳定在该数值。总体来说，列车对横通道拱顶沉降的影响呈先增加后降低的趋势，当列车行驶 3s 后，沉降基本趋于稳定。

　　结合图 7-23 与图 7-24 的情况，列车对横通道沉降的影响也比较小，这可能是由于加载时只考虑了一次列车通过的方式，当列车多次行驶时，由于累积作用的影响，衬砌结构的沉降会增加。在实际列车运营过程中，列车行驶造成的累积沉降会使沉降增加，造成结构的破坏。

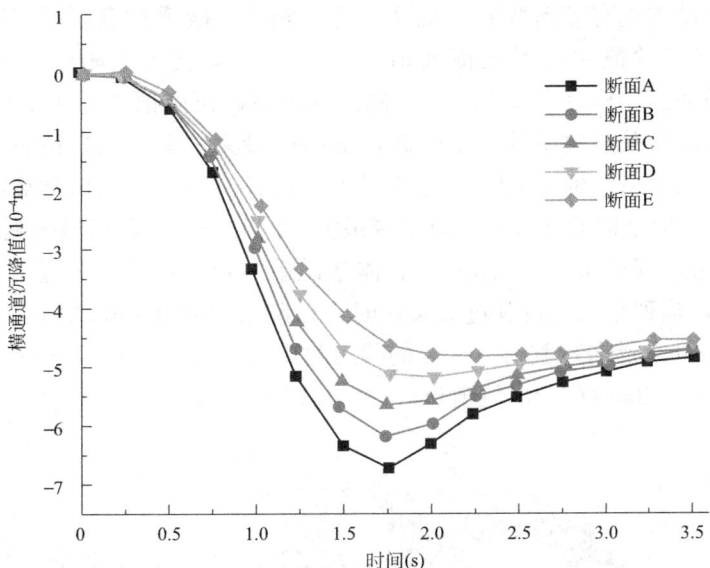

图 7-24　横通道沉降变化曲线

2. 衬砌竖向位移

　　图 7-25 为单列车单向行驶时主隧道和横通道衬砌结构的沉降云图，列车单方向行驶，0s 时进入交叉口 35m 处，随后 3s 后完全行驶出交叉位置。

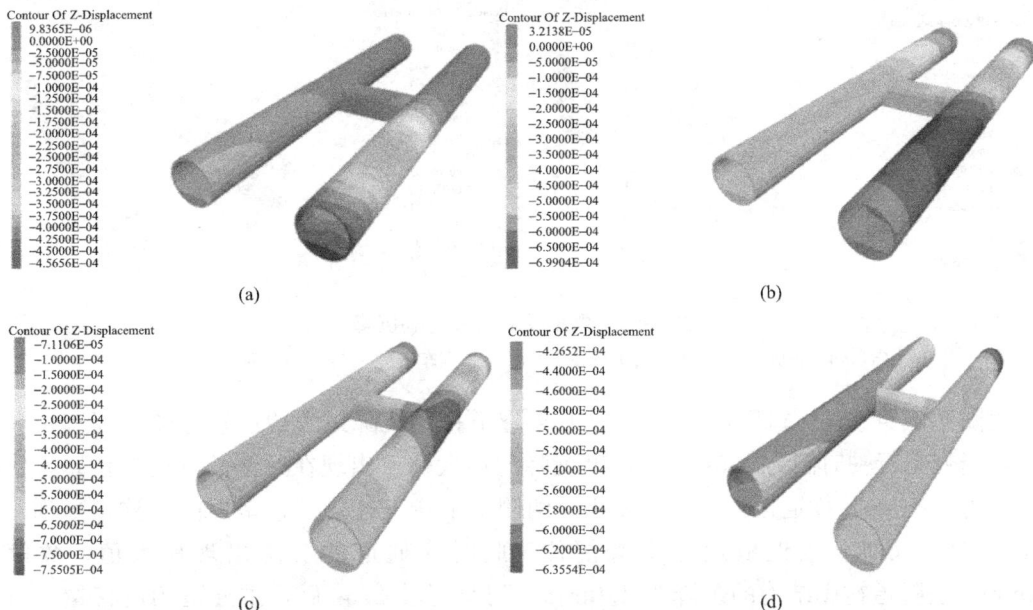

图 7-25　列车单向行驶衬砌沉降

(a) 列车行驶 0.5s；(b) 列车行驶 1.5s；(c) 列车行驶 2.5s；(d) 列车行驶 3s

　　由图 7-25 可知，当列车单向行驶时，衬砌的沉降是随着列车行驶位置移动的，当列车行驶 0.5s 时，沉降的最大位置出现在列车的入口处，此时的衬砌沉降最大值为 0.5mm，横通道出现轻微的隆起，单侧列车行驶时对另一侧的隧道沉降影响较小；当列车行驶到 1.5s 时，隧道衬砌沉降的最大位置在列车行驶的前半段，沉降最大值为 0.7mm，横通道结构也有隆起变成了沉降，另一侧的主隧道衬砌开始出现变形；当列车行驶 2.5s 时，沉降的最大位置在横通道与主隧道结构交叉口附近，沉降的最大值为 0.8mm，此时横通道结构沉降最大，另一侧主隧道衬砌沉降值为 0.4mm；当列车行驶到 3s 时，此时列车已行驶过模型的长度距离，沉降的最大位置在出口位置，沉降最大值为 0.6mm；可以看出隧道衬砌的沉降值随着列车的行驶位置变化先增加后降低，当列车行驶到横通道与主隧道结构的交叉位置时沉降最大，同时列车行驶对另一侧隧道结构影响较小，横通道结构的沉降值也小于1mm，总体来说单向列车行驶时对隧道衬砌结构的影响在 0.8mm 以下，当列车完全行驶过交叉段时，衬砌结构的沉降降低为 0.6mm。

图 7-26 为双列车反向行驶时 0～3s 的隧道衬砌沉降云图，双列车在 0s 时分别从两个隧道入口进入隧道，3s 后行驶出隧道口。

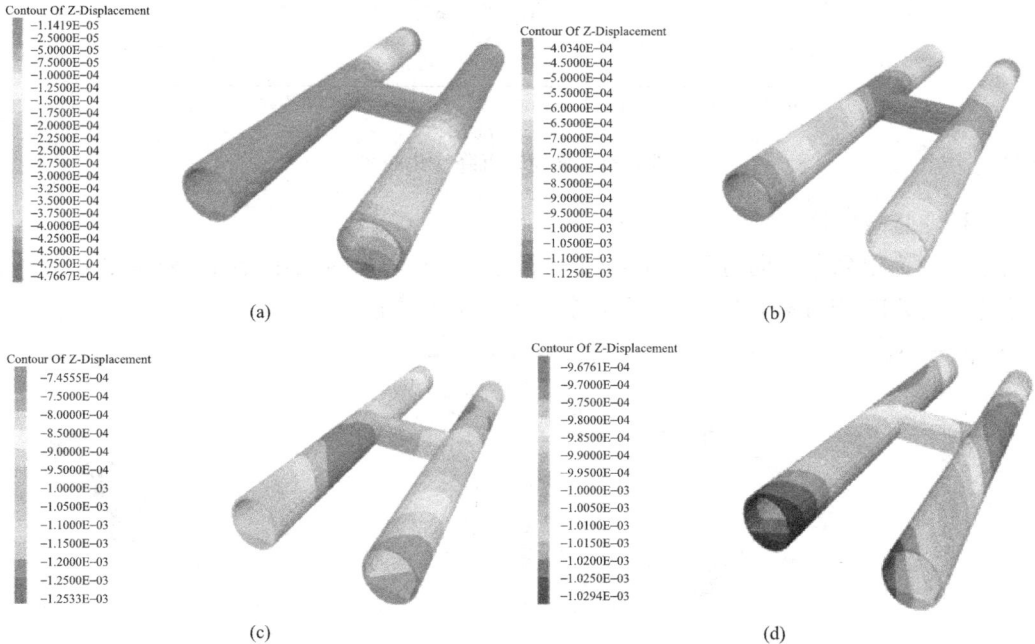

图 7-26 列车反向行驶衬砌沉降
（a）列车行驶 0.5s；（b）列车行驶 1.5s；（c）列车行驶 2.5s；（d）列车行驶 3s

由图 7-26 可知，当双列车反向行驶时，隧道衬砌沉降最大的位置是随着列车行驶变化的，当列车行驶时间为 0.5s 时，衬砌沉降的最大位置出现在两侧的隧道口位置，沉降最大值为 0.5mm，横通道衬砌沉降较小，两侧的主隧道衬砌位移呈反向对称；当列车行驶 1.5s 时，双列车接近横通道交叉部位，此时横通道的沉降出现最大值，数值为 1.1mm，主隧道衬砌结构的沉降为 1.0mm；列车行驶 2.5s 后，主隧道的位移量继续上升，最大值为 1.3mm，横通道衬砌结构的沉降也增加到 1.2mm；列车行驶 3s 后，双向列车全部行驶出模型的主隧道部分，这时的隧道衬砌结构的沉降降低，沉降最大值为 1.0mm，横通道衬砌降低到1mm 以下。综上所述，双向列车造成的衬砌结构沉降要大于单向列车行驶时的衬砌沉降，单向列车行驶时，列车行驶到横通道交叉口位置时的沉降量最大；而双向列车反向行驶时，列车行驶过横通道出口后，隧道的衬砌结构位移继续增加，直到列车完全行驶出隧道时才出现隧道衬砌沉降的降低。

图 7-27 为双列车在同一方向行驶时的衬砌竖向位移，两辆列车同时在 0s 时进入隧道交叉口范围 35m 处，隧道 3s 内行驶出横通道与主隧道交叉范围。

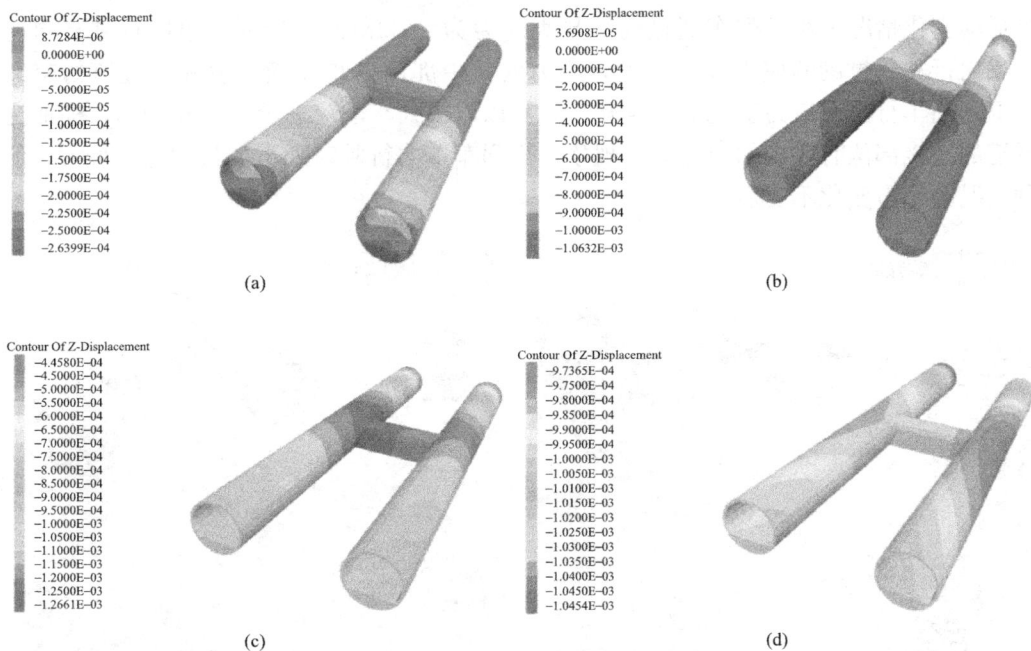

图 7-27　列车同向行驶衬砌沉降

(a) 列车行驶 0.5s；(b) 列车行驶 1.5s；(c) 列车行驶 2.5s；(d) 列车行驶 3s

由图 7-27 可知，当两辆列车行驶 0.5s 时，主隧道衬砌的沉降值较小，数值为 0.3mm，横通道的衬砌竖向位移基本保持不变；当列车行驶 1.5s 时，主隧道衬砌的位移逐渐增加到 1.0mm，横通道的竖向位移为 0.8mm，两侧主隧道衬砌结构的竖向沉降值基本相同；当列车行驶 2.5s 时，主隧道衬砌结构的竖向位移最大位置出现在主隧道与横通道的交叉位移，沉降的最大值为 1.3mm，横通道的竖向位移为 1.2mm，2.5s 时两侧主隧道结构的竖向位移值也基本相同，列车入口处的竖向位移值逐渐恢复列车行驶前的水平；当双列车同向行驶 3s 时，列车行驶出隧道与横通道交叉口范围，在列车行驶出口处的位移最大，最大数值为 1.0mm，横通道的竖向位移降低到 1.0mm 以下，此时列车行驶对主隧道和横通道衬砌结构的影响逐渐降低。当双列车同向行驶时，主隧道和横通道衬砌结构的竖向位移都是先增加后降低，同时，主隧道结构的沉降值呈对称分布形式。

总之，列车三种行驶形式对横通道和主隧道的影响都是先增加后降低的，当列车行驶到横通道和主隧道交叉部分时位移最大，列车行驶对隧道结构竖向位移的影响小于 2mm，但是在列车多次重复作用下衬砌结构也容易发生破坏，横通道与主隧道的交叉部分要重点防护。

7.5.2 应力分析

1. 衬砌结构应力

图 7-28 为单列车单向行驶、双列车同向行驶和双列车反向行驶方式下衬砌的应力作用，图 7-28（a）为列车载荷加载前的应力状态，图 7-28（b）、7-28（c）和 7-28（d）是列车通过后的衬砌应力变化情况。由图 7-28 可知，横通道与主隧道交接处的应力在列车行驶后的变化情况较小。列车通过前的最大应力为 1.33MPa，当列车单向行驶、同向行驶和反向行驶后衬砌的应力变化不大，应力的集中部位分布在横通道和主隧道的交叉位置，但是列车行驶对应力变化的影响较小。可以看出列车的应力分布比较均匀，横通道与主隧道的连接部位有轻微的应力集中现象。当列车单向行驶时列车的衬砌应力最大，但是三种工况的应力变化不明显。

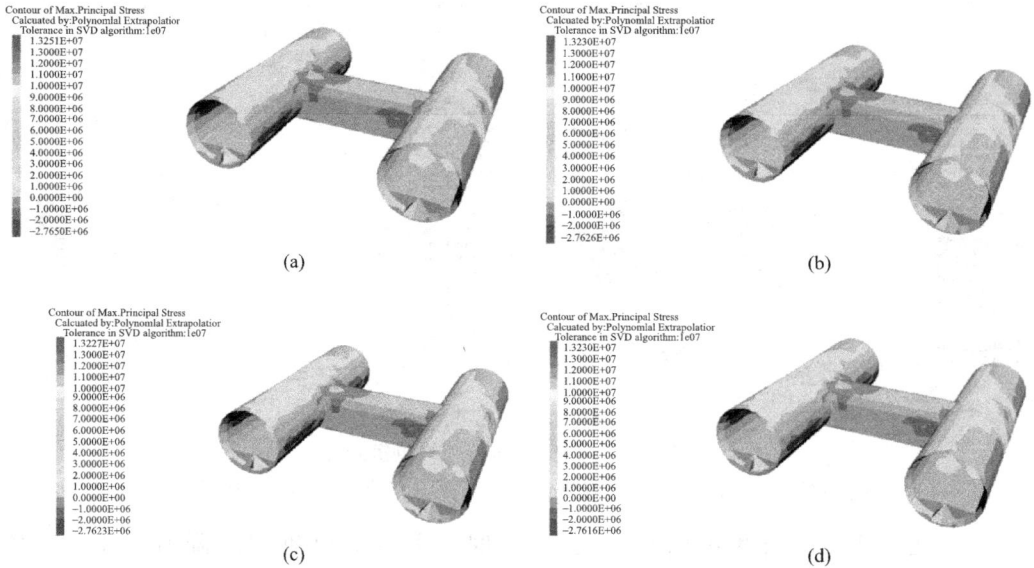

图 7-28　衬砌应力云图
（a）原始应力；（b）单向行驶；（c）同向行驶；（d）反向行驶

总之，列车通过隧道后对横通道的最终应力状态影响较小，应该考虑列车行驶过程中的防护，对比土体对隧道衬砌的压力，列车产生的集中作用较小，但是列车行驶产生的振动不容忽视。

2. 拱顶和拱底应力

监测断面 C 的横通道拱顶和拱底的应力曲线如图 7-29 所示。由图 7-29 可知，三种工况下的横通道应力曲线趋势大致相同。横通道拱顶应力先增加后减小，单向行驶时的应力变化最大，列车单向行驶时在 1.75s 时拱顶应力由 83kPa 增加到 122kPa，增加约 47%，随后行驶 2s 后应力开始降低，3s 后降低到 85kPa；列车同向行驶时最大应力的变化范围较小，拱顶在列车行驶 1.5s 时出现应力最大值，最大应力为 92kPa，随后列车行驶 2s 后降低到 85kPa 之下；列车反向行驶时拱顶在 0.9s 时应力发生降低的情况，应力的最小值为 70kPa，随后应力开始增加，在列车行驶 1.8s 时出现最大应力 112kPa，在列车行驶

2.5s 后降低到 90kPa 数值以下。

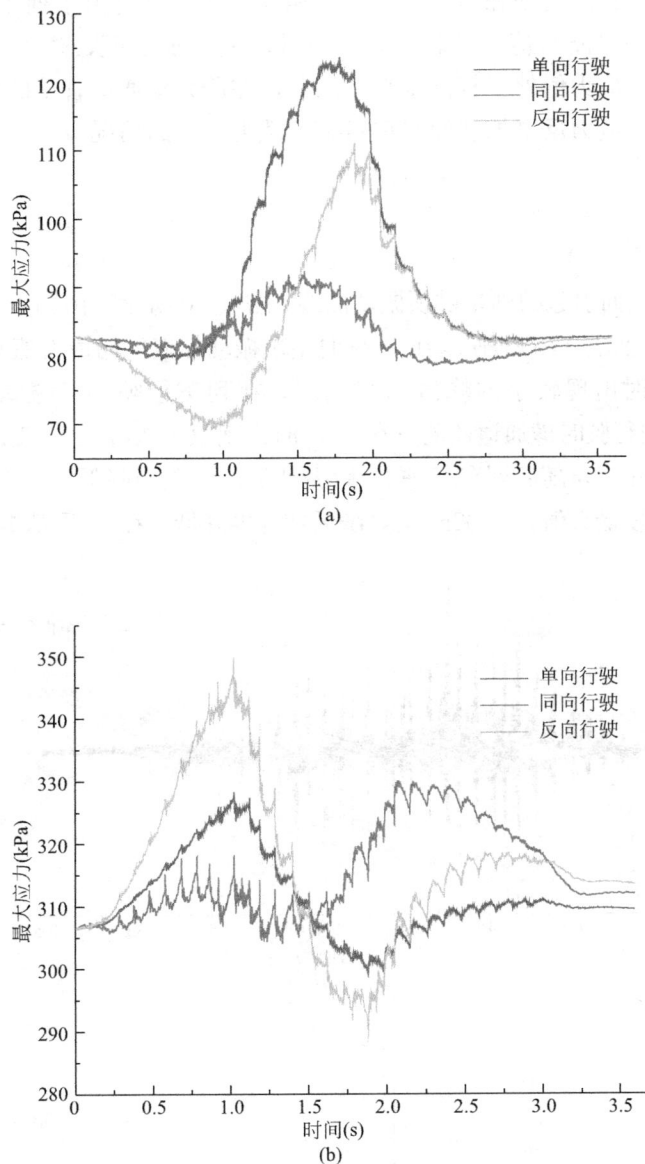

图 7-29　应力曲线
（a）横通道拱顶；（b）横通道拱底

　　拱底的应力出现正弦波的趋势，应力先增加然后出现比原始值小的情况。其中，列车反向行驶时的顶底应力波动最大，在 1s 时出现应力最大值 349kPa，与初始值相比增加了43kPa，随后应力开始降低，在 1.9s 时出现拱底应力最小值 290kPa，列车行驶 2.5s 后恢复到 320kPa；当列车同向行驶时拱底出现两次应力峰值，第一次是在时间为 0.75s 时出现了应力第一次峰值为 318kPa，随后应力开始降低，第二次峰值是在 2.25s 时出现的最大应力值为 330kPa，在 3s 后降低到 315kPa 以下；当列车单向行驶时，拱底的应力波动范围最小，在列车行驶 1s 时出现拱底应力最大值 330kPa，随后拱顶应力开始下降，在 2s

时拱底应力最小值为 300kPa，列车行驶 2.5s 后恢复到 310kPa。

横通道的拱底应力的波动和增加量与拱底相比较大，这是由于列车直接接触的结果。拱顶应力的增加值相对原始值波动较大，在设计时要增加强度，防止由于振动导致的破坏，但是总体来说，应力值处于较低水平。因此，在研究横通道管壁的稳定性时，应力条件应重点考虑，防止应力反复加载而出现衬砌承载力不足的情况。

7.5.3 速度分析

1. 横通道衬砌加速度

列车振动在 C 断面引起的列车拱顶振动曲线如图 7-30 所示。由图可知，当列车单向行驶时，横通道拱顶监测点 C 的加速度在 1.2s 时出现振动加速度的最大值 0.76m/s²，随后加速度降低，在 2.1s 时出现较小的峰值 0.43m/s²，在列车行驶 3s 后振动加速度逐渐降低为 0；当双列车同向行驶时横通道监测点在 1.4s 时出现第一次峰值 1.71m/s²，在 2.1s 时出现第二次峰值 0.75m/s²，随后列车行驶 3s 后振动加速度逐渐降低；当双列车反向行驶时，列车在 0.8s 时加速度最大值为 1.02m/s²，随后加速度降低，在 3s 后基本降低到零。

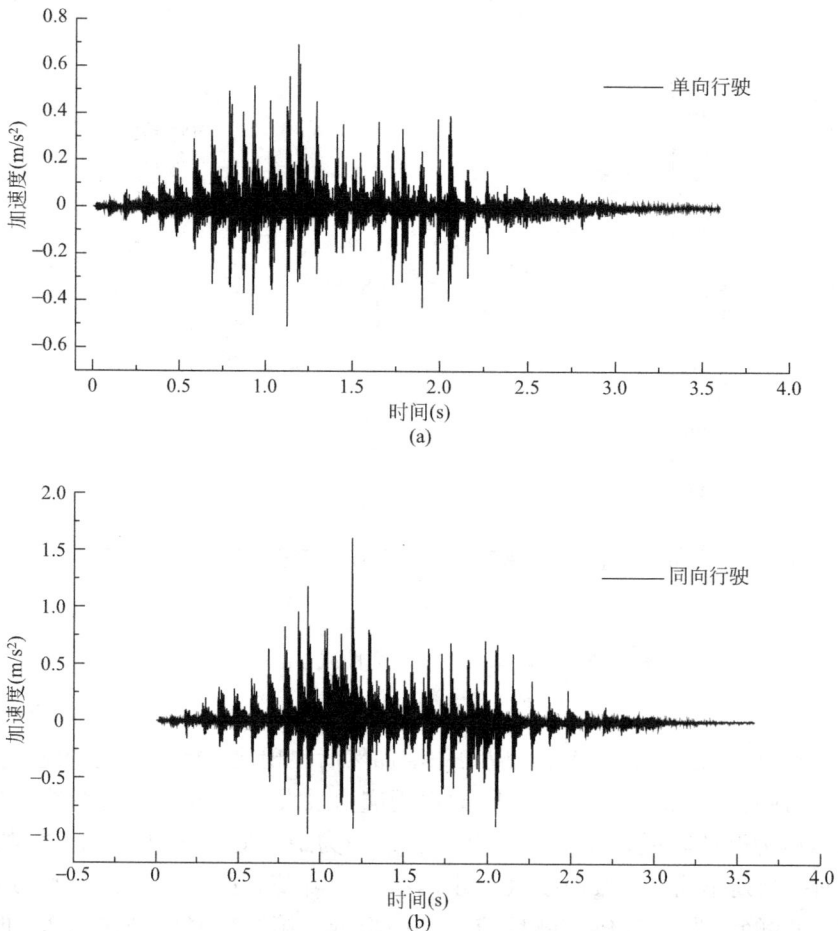

图 7-30 拱顶振动速度（一）

（a）单向行驶；（b）同向行驶；

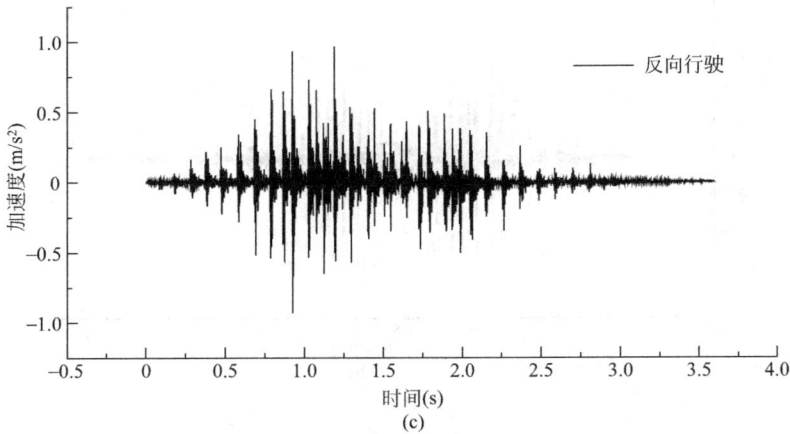

图 7-30 拱顶振动速度（二）

（c）反向行驶

列车振动在 C 断面引起的列车拱底振动曲线如图 7-31 所示。由图可知，当单个列车单向行驶时振动加速度在 1.1s 处达到最大值 1.12m/s²，随后在 2s 处出现第二次峰值 0.73m/s²，列车在 3s 后逐渐降低减弱至消失；当双列车同向行驶在 1.1s 时出现振动加速度最大值 2.30m/s²，最后在 2s 处出现第二次波峰 1.24m/s²，列车行驶 3s 后降低为零；当双列车反向行驶时，列车在 1.1s 时达到加速度的最大值 1.33m/s²，随后在 2s 时出现第二次波峰 1.20m/s²，列车行驶 3s 后加速度逐渐降低为零。总之，列车同向行驶时造成的拱顶振动加速度与单向行驶和反向行驶相比数值最大，拱顶加速度达到了 1.71m/s²，拱底的加速度达到了 2.30m/s²；列车单向行驶时的加速度最小，拱顶的加速度最大值为 0.76m/s²，拱底的加速度最大值为 1.12m/s²；列车反向行驶时的振动加速度处于中间水平，拱顶加速度的最大值为 1.02m/s²，拱底的振动加速度最大值为 1.33m/s²。

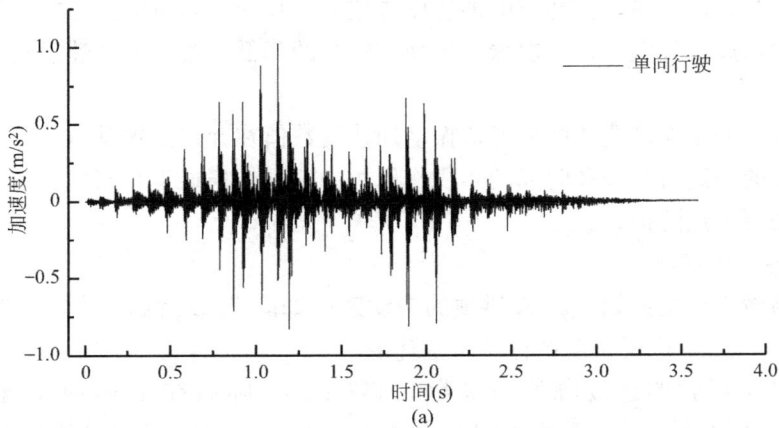

图 7-31 拱底振动速度（一）

（a）单向行驶；（b）同向行驶；

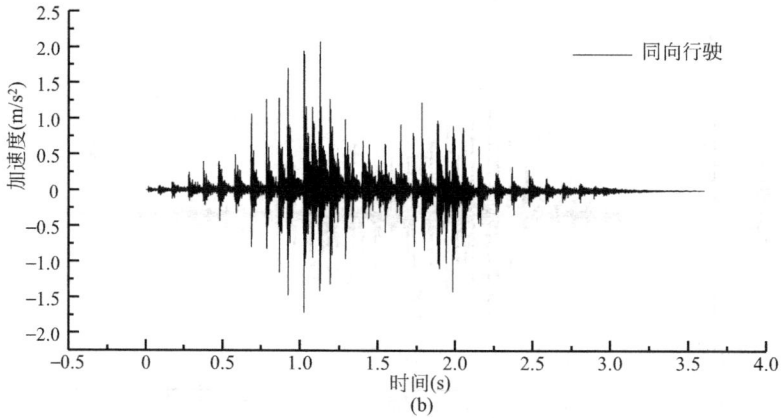

(b)

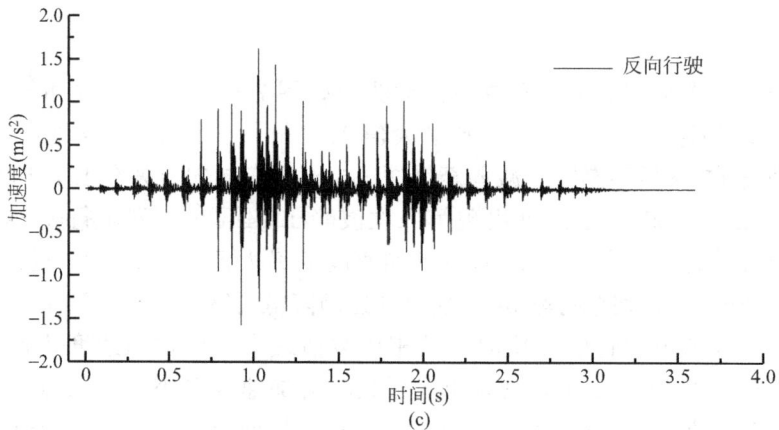

(c)

图 7-31 拱底振动速度（二）

（c）反向行驶

在列车的行驶过程中，横通道的加速度先增大后降低，在中间部位出现了两次峰值。其中第一次的加速度较大，第二次振动出现了轻微的降低，第二次加速度约为第一次加速度的 57%。

总体来说，列车振动造成的横通道振动加速度数值在允许的振动范围内，但是由于列车要经过反复的不定时加载和时间的累积作用，加速度给横通道带来的影响不容忽视，在实际工程中需要重点防护。

2. 横通道衬砌速度

主隧道与横通道交界处截面 A 拱顶的振动速度如图 7-32 所示。列车头在主隧道的运行时间为 2.0s，2.8s 后列车全部行驶出主隧道。

单列车单向行驶的速度峰值为最为 0.142cm/s，随后在 1.8s 时出现第二次峰值 0.090cm/s，列车行驶 3s 后振动速度基本消失；双列车同向行驶时的最大行驶速度为 0.196cm/s，随后在 1.9s 时出现第二次峰值 0.084cm/s，列车行驶处隧道后振动速度基本消失；双列车反向行驶时，列车在 1s 时出现振动速度的最大值 0.201cm/s，随后在 1.85s 后出现第二次峰值 0.065cm/s，列车行驶 3s 后振动速度基本降低为零。

综上所述，三种行驶方式下截面 A 的拱顶的截面速度出现了两次增加的情况，两次速度的峰值分别出现在地铁列车头行驶到横通道断面和行驶出隧道时，其中第一次的峰值最大，第二次峰值降低为 50％ 左右。总体来说列车行驶对衬砌的振动影响较大，列车在不同工况行驶时的最大速度达到了 0.201cm/s，另外，在三种不同列车行驶工况中，当双列车反向行驶时对横通道衬砌的影响最大。为了降低振动速度的影响，在施工中可以采用高强度的混凝土或增加减振设置，以增加衬砌的稳定性。

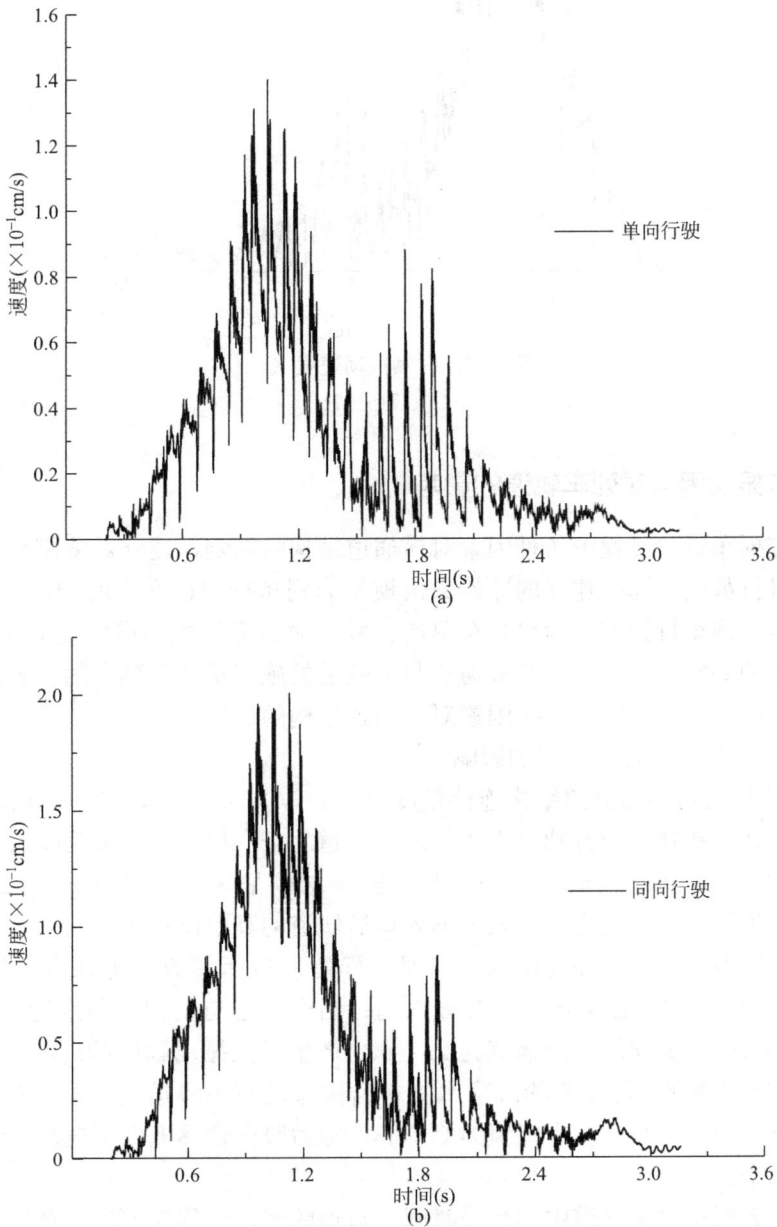

图 7-32　衬砌振动速度（一）

（a）单向行驶；（b）双向行驶；

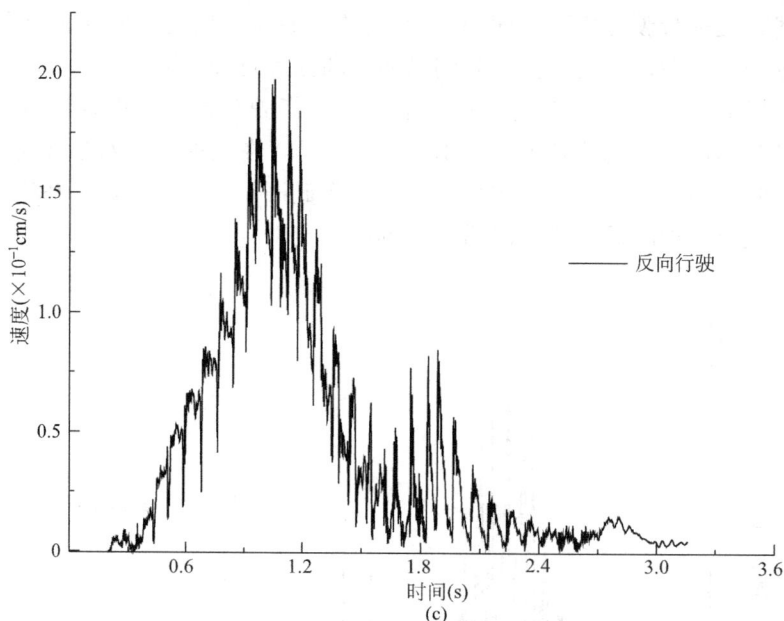

图 7-32　衬砌振动速度（二）

（c）反向行驶

7.5.4　列车振动因素对列车轨道的影响

为了研究列车行驶过程中各种因素对横通道结构的影响，建立数值模型，并在不同的工况条件下进行数值计算。建立的原始数值模型为列车行驶速度 80km/h；隧道的地质条件为Ⅳ级围岩；列车行驶方向为单列车单向行驶；横通道与主隧道的交叉角度为 90°。在原始数值模型的基础上，分别改变横通道与主隧道的施工角度、列车的行驶速度、横通道埋深和不同的围岩等级来研究这些因素对横通道结构的影响。

1. 不同交叉角度对轨道位移的影响

图 7-33 为横通道与主隧道结构连接角度分别为 30°、60° 和 90° 时的地铁轨道竖向位移曲线。由图可知，在列车的行驶过程中，地铁轨道的竖向位移先增加后降低，最后基本恢复到列车行驶前的水平。当横通道角度与主隧道结构呈 30° 时，地铁轨道的竖向位移最大，最大位移为 3.6cm，当列车驶入模型入口后轨道的竖向位移开始增大，在 0.46s 处达到最高，随后随着列车的行驶而振动，当列车行驶 2.5s 后振动开始减弱，轨道的竖向位移开始发生回弹，2.75s 后降低到 0.5cm 以内；当横通道与主隧道角度为 60° 时，地铁轨道的竖向位移居中，振动的最大幅值为 2.7cm，产生最大振动幅度的时间也是 0.46s，在 2.75s 后基本恢复到列车行驶前的沉降水平；当横通道与主隧道呈 90° 交叉施工时，地铁轨道竖向位移沉降值最小，最大幅值为 2.7cm，随后竖向位移随列车振动，最后恢复到列车行驶前的水平。

总之，随着列车在主隧道中的行驶时间，轨道的竖向位移先增加后降低，最后恢复到行驶前的水平。在三种施工角度中，施工角度为 90° 时地铁轨道的竖向位移最小，施工角度为 30° 时地铁轨道的竖向位移最大，因此在考虑列车行驶对地铁轨道竖向位移的影响时应尽量使横通道和主隧道呈 90° 以降低列车行驶对列车轨道竖向位移的影响。

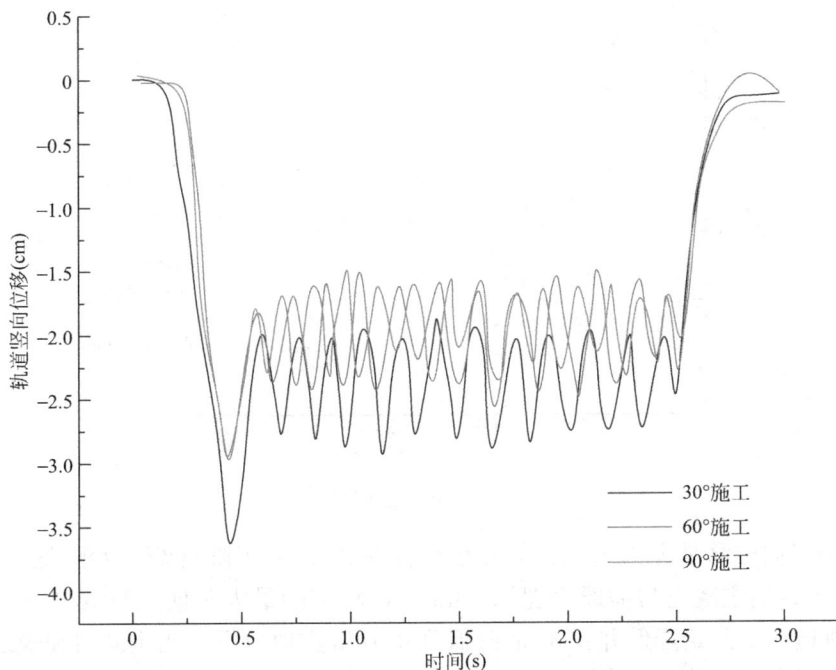

图 7-33　轨道竖向位移

2. 不同列车时速对轨道位移的影响

列车在行驶速度 60km/h、80km/h、100km/h 和 120km/h 下的轨道竖向位移如图 7-34 所示。由图可知，随着列车在主隧道中的行驶，不同列车时速下的轨道竖向位移都是呈现先增加后降低的趋势；当列车时速为 100km/h 时，轨道竖向位移最大，数值为 2.8cm，随后在 2s 后逐渐降低，在 2.5s 后降低为 0.5cm 以下；当列车时速为 100km/h 时，轨道竖向位移与列车 120km/h 时的数值相差不大，最大数值为 2.7cm，同时，列车行驶 2.5s 后竖向位移降低到 0.5cm 以下；当列车时速为 80km/h 时，轨道竖向位移的最大值为 2.3cm，竖向位移在 0.25～2.5s 内变化幅度较大；当列车时速为 60km/h 时，轨道的竖向位移最小，振幅最大值为 2.0cm，列车行驶 2.5s 后竖向位移降低到 0.5cm 以下。总体而言，列车车速对轨道的竖向位移影响较大，时速 120km/h 时竖向位移为车速 60km/h 时竖向位移的 1.35 倍，竖向位移主要集中在 0.25～2.5s 内波动，2.5s 后位移降低到 0.5cm 以内。因此，设计列车时速时在综合考虑隧道地质和功能要求的前提下，还要考虑车速对隧道衬砌材料的影响，以降低列车长期振动对隧道的竖向位移产生的影响。

3. 横通道埋深对轨道位移的影响

列车在隧道埋深 5m、10m、15m 和 20m 时地铁轨道竖向位移如图 7-35 所示。由图 7-35 可知，随着列车在主隧道中的行驶，不同埋深下的主隧道结构地铁轨道竖向沉降出现先增加并在一定范围内波动，最后基本恢复到列车行驶前的水平；当主隧道和横通道结构埋深 5m 时，地铁轨道的竖向位移与其他埋深条件下的竖向位移相比为最小，隧道埋深

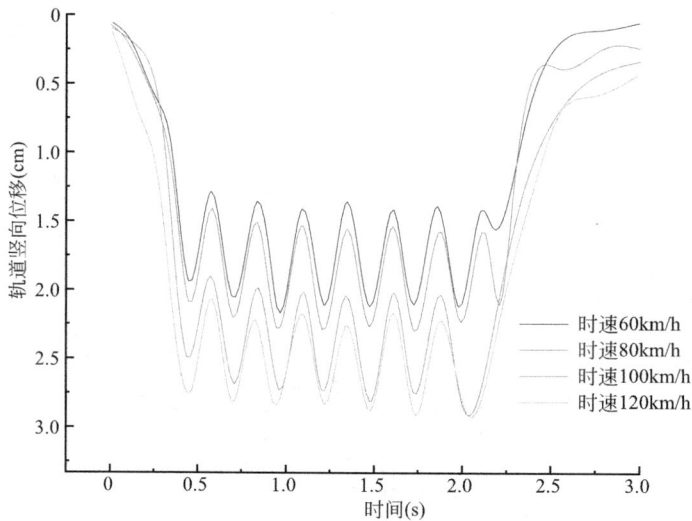

图 7-34　轨道竖向位移

5m 时的轨道竖向位移最大为 1.8cm，列车在行驶 2.6s 后沉降逐渐开始降低，并在 3s 后基本降低为零；当主隧道与横通道埋深 10m 时，轨道的最大竖向位移为 2.0cm，列车行驶 2.5s 后轨道沉降开始降低并在 3s 后降低到 0.1cm 数值以下；当主隧道和横通道结构埋深 15m 时，列车在行驶 0.5s 时出现沉降的最大值 2.7cm，随后沉降值在 1.3～2.7cm 范围内波动，列车行驶 2.5s 后沉降开始下降，并在列车行驶 3s 后降低为零左右；当主隧道和横通道结构埋深 20m 时，轨道竖向位移较其他车速最大，列车在 0.5s 时轨道沉降的最大值为 3.3cm，随后在列车行驶 0.5～2.5s 内在 0.6～3.3cm 之间波动，列车行驶 3s 后轨道的竖向位移逐渐降低为零。综上所述，在主隧道和横通道不同埋深下轨道的竖向位移在隧道埋深 20m 时沉降最大，埋深 5m 时沉降最小，在一定范围内埋深越大，列车行驶对轨道竖向位移的影响越大。

4. 不同围岩等级下对轨道位移的影响

列车在 Ⅱ 级、Ⅲ 级、Ⅳ 级和 Ⅴ 级围岩下的轨道竖向位移如图 7-36 所示。由图 7-36 可知，在不同的施工围岩等级下，隧道轨道的竖向位移出现明显的差别，其中当围岩等级为 Ⅱ 级时列车轨道的竖向位移最小，轨道的最大竖向位移为 2cm，列车在 0.5s 时下降到最大值，随后在 2.5s 之前在 1～2cm 波动，列车行驶 3s 后轨道竖向位移基本降低为零；当围岩等级为 Ⅲ 级时，轨道的最大竖向位移为 2.3cm，列车较 Ⅱ 级围岩竖向位移增加 0.3cm，列车行驶 2.3s 后沉降开始降低，在行驶 3s 后基本达到行驶前的水平；当施工的围岩等级为 Ⅳ 级时，轨道的竖向位移最大值为 2.4cm，列车在行驶 1.5s 时位移最大，在 3s 后基本降低为零；当围岩等级为 Ⅴ 级时，轨道的竖向位移较其他围岩等级下的沉降相比数值最大，列车在行驶 0.7s 时最大竖向位移为 2.6cm，列车行驶 3s 时的竖向位移为 0.6cm。综上所述，四种围岩等级下的轨道竖向位移从大到小分别为 Ⅴ 级围岩、Ⅳ 级围岩、Ⅲ 级围岩和 Ⅱ 级围岩，当列车行驶时都在 3cm 以内波动，当列车行驶到交叉口范围时，基本恢复行驶前的水平，但是 Ⅴ 级围岩工况下的最终沉降为 0.6cm。

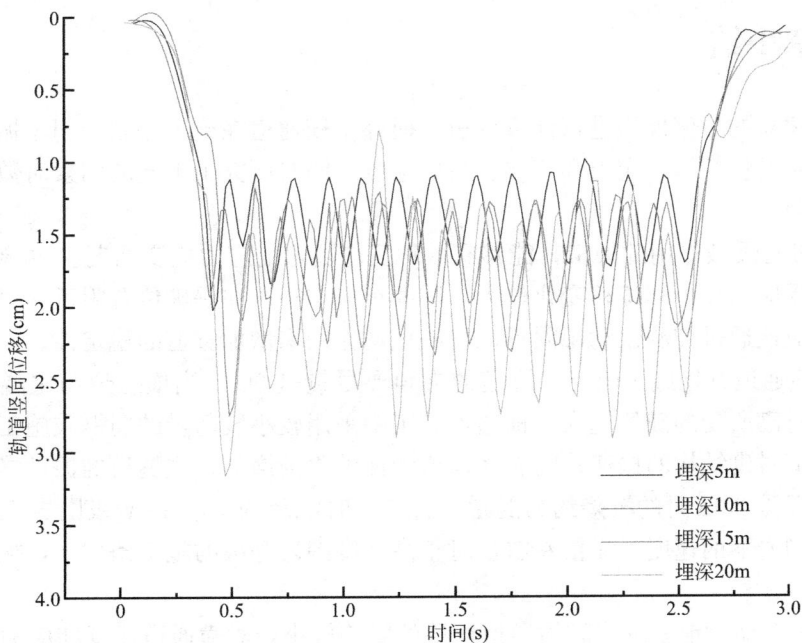

图 7-35　轨道竖向位移

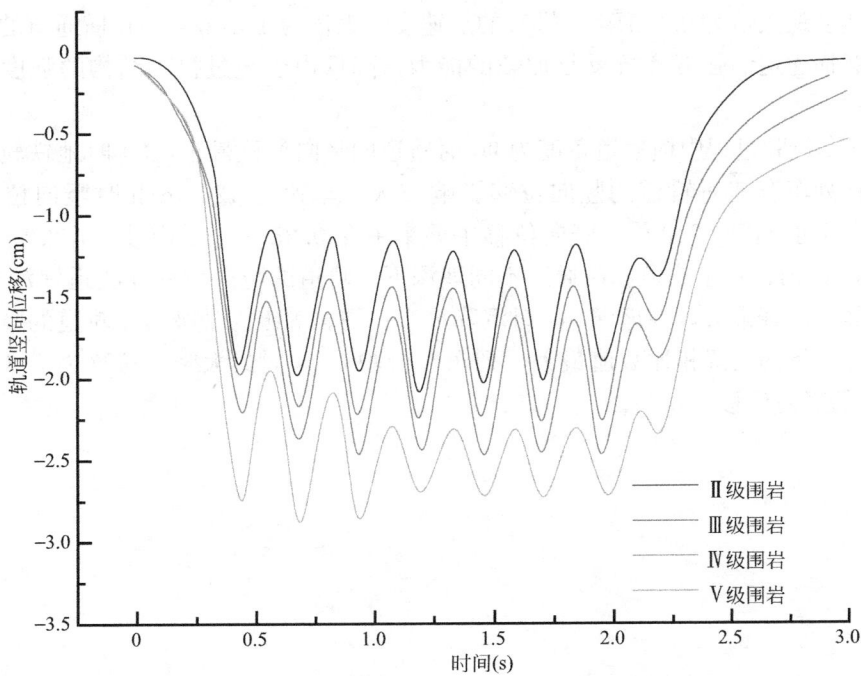

图 7-36　轨道竖向位移

7.6 本章小结

本章对建立的数值模型进行计算分析，研究了横通道在施工爆破和列车振动条件下的力学机理，主要包括衬砌应力和位移、衬砌速度，同时研究了不同的因素对数值结果的影响。研究表明：

（1）通过对爆破作用的模拟，能够有效地反应隧道的应力应变情况。主隧道和横通道交叉部位所受应力集中和位移变化较大，需要重点支护；在爆破位置附近的衬砌所受振动作用最大，应该通过控制振动源附近位置的振动作用来增加隧道的稳定性。

（2）在横通道开挖施工时与主隧道的夹角要尽量呈 $90°$，当横通道与主隧道角度越尖锐时，隧道衬砌所受的破坏越大；横通道施工中采用较小装药量的弱爆破施工，能够有效地降低主隧道衬砌结构的振速；随着横通道埋深的逐渐增加，主隧道的振动峰值是逐渐降低的，隧道埋深 20m 时的沉降约为隧道埋深 5m 时沉降的 75%；Ⅴ级围岩工况下的振动速度比Ⅱ级围岩下的速度大 4 倍左右，对于高强度围岩等级的施工条件下，振动速度的防护更为重要。

（3）列车振动对地表沉降和横通道位移的影响较小，对横通道速度和应力变化的影响较大。列车同向行驶时造成的拱顶振动加速度与单向行驶和双向行驶相比数值最大，拱顶加速度达到了 $1.7m/s^2$，拱底的加速度达到了 $2.3m/s^2$。列车单向行驶时的加速度最小，拱顶的加速度最大值为 $0.8m/s^2$，拱底的加速度最大值为 $1.1m/s^2$。在横通道的施工和设计中要注意横通道的强度和抗反复加载的能力，降低由于超过衬砌结构的强度而造成的破坏。

（4）列车行驶过程中横通道角度为 $90°$ 时轨道的竖向位移最小，$30°$ 时地铁轨道的竖向位移最大；列车车速对轨道的竖向位移影响较大，车速为 120km/h 时竖向位移为车速 60km/h 时竖向位移的 2.2 倍，竖向位移主要集中在 $0.25\sim2.5s$ 内波动，2.5s 后位移降低到 0.5cm 以内；在主隧道和横通道不同埋深下，轨道的竖向位移在隧道埋深 20m 时列车振动的竖向沉降最大，在埋深 5m 时沉降最小；围岩等级为Ⅴ级时，轨道的竖向位移较其他围岩等级下的沉降相比数值最大，列车在行驶 0.7s 时最大竖向位移为 2.6cm，列车行驶 3s 时的竖向位移为 0.6cm。

第八章　主要结论与展望

8.1　主要结论

依托哈尔滨市轨道交通 2 号线一期工程人民广场站～中央大街站区间横通道工程，就地铁横通道施工对地表和交叉空间结构的影响机理进行了深入的研究，具体包括：基于随机介质理论和叠加原理，提出了主隧道和横通道施工地表沉降预测公式，用以计算地铁横通道施工引起的地表沉降，并验证了该沉降预测模型在横通道施工地表沉降计算中的可行性。通过 FLAC 3D 三维数值模型的模拟计算，深层次地揭示了横通道工程的施工力学机理，随后对该工程的不同施工和设计参数进行敏感性分析和优化，进而基于特定工况对预注浆加固进行了数值计算与机理分析，确定了典型工况下的注浆范围和注浆参数；研究了地铁横通道在爆破振动载荷和列车动载荷下的应力和应变特征，分析了对横通道施工和列车轨道稳定性的影响因素。本书得出的主要结论有：

（1）从主隧道施工和横通道施工引起地层变形机理出发，基于随机介质理论和叠加原理，同时考虑横通道施工过程中的既有主隧道加固作用，对土体强度、土体体积损失率等指标进行二次校核，提出了一种准确度较高的地铁横通道施工引起地层变形的三维预测方法，并通过哈尔滨某地铁横通道的现场监测数据验证了理论预测的精确性，最大相对误差不超过 13%。

（2）主隧道开挖引起地层应力场重新分布，双线主隧道附近的围岩将出现集中应力，主隧道拱底和拱顶附近的围岩垂直应力小于相同埋深的围岩竖向应力。同时开挖使得交叉结构开口处产生了由衬砌上部到下部都受拉的不利受力形式，轴力和弯矩的最大值集中在隧道两侧拱腰，在纵向和横向内力共同作用下，横通道交叉部衬砌结构受力将会变得更复杂且对结构安全十分不利。

（3）当交叉角为 90° 的正交夹角时，横通道施工对既有主隧道两侧边墙产生的内力呈现对称分布，相比于非正交情况下的非对称内力分布，受力更均匀，产生的影响更小，交叉角越大越好，接近直角则最好；主隧道位移随着净距的增加，先减小后增大，在净距 10m 的工况下取得最小值，最佳净距为 10m；主隧道和横通道的变形量均随埋深的增加而增加，并呈现出了明显的线性关系；在不同施工方法对比中，上下台阶法对主隧道产生的扰动小于全断面法对主隧道产生的扰动，表现出了更好的稳定性。

（4）采用预注浆加固能有效降低横通道开挖对既有主隧道产生的扰动，表现出了更好的稳定性，但相比于未注浆加固，采用注浆加固则会降低经济性、增大施工难度和影响施工进度；在本书所依托的典型工况下，采用注浆加固范围为 2m 和注浆加固强度为工况 2 时即可避免交叉空间结构的围岩发生塑性区破坏。

（5）通过对爆破作用的模拟能够有效地反映隧道的应力应变情况，在爆破位置附近的衬砌所受振动作用最大。在横通道开挖施工时与主隧道的夹角要尽量呈 90°，当横通道与主隧道角度越尖锐时，隧道衬砌所受的破坏越大；横通道施工中采用较小装药量的弱爆破施工，能够有效地降低主隧道衬砌结构的振速；随着横通道埋深的逐渐增加，主隧道的振动峰值是逐渐降低的；对于高强度围岩等级的施工条件，振动速度的防护更为重要。

（6）列车振动对地表沉降和横通道位移的影响较小，对横通道速度和应力变化的影响较大。列车同向行驶时造成的拱顶振动加速度与单向行驶和双向行驶相比数值最大。列车行驶过程中横通道角度为 90° 时轨道的竖向位移最小；列车车速为 120km/h 时的轨道竖向位移是车速为 60km/h 的 2.2 倍；在主隧道和横通道不同埋深下，轨道的竖向位移在隧道埋深 20m 时列车振动的竖向沉降最大；围岩等级为 V 级时，轨道的竖向位移较其他围岩等级下的沉降相比数值最大。

8.2 展望

随着城市轨道交通体系飞速发展，地铁线路越来越长，地铁在建设过程中会遇到越来越多的横通道施工工程，地铁横通道施工过程中会产生诸多问题，本书依托某地铁横通道施工工程，对地铁横通道施工交叉空间结构的影响机理进行了研究，仍然还存在一些问题需要深入地研究：

（1）本书提出的地表沉降预测公式，未考虑横通道开挖方向，当横通道单侧开挖时，双线主隧道正上方的地表沉降值略有差异，今后分析中可以考虑横通道开挖方向的影响和开挖时间因素。

（2）数值模拟工作取得了较好的效果，但模拟中未能考虑地下水对既有结构的影响，导致模拟结果与监测数据仍存在一定误差，模拟时增加渗流-应力耦合方面的工作可得到更精确的结果。

（3）动载荷在地层和隧道衬砌中的传播理论还需完善，动载荷在介质中的传播是一个复杂的问题，动载荷是如何传播并造成破坏的还需要进一步研究。

（4）在实际工程中，动载荷还包括在地震作用下的力学机理分析，在地震作用下隧道衬砌结构更容易发生破坏，需要通过数值模型手段进一步验证横通道在地震作用下的安全性。

参 考 文 献

[1] 李佳. 铁路设备行业深度研究报告：轨交运维，黄金十年 [R]. 华创证券研究报告, 2019.

[2] 陈志龙，刘宏，张智峰，等. 中国城市地下空间发展蓝皮书 2019 [R]. 南京：中国岩石力学与工程学会地下空间分会，南京慧龙城市规划设计有限公司，2019.

[3] 汪鸣. 中国轨道交通未来发展趋势 [J]. 现代城市轨道交通，2019 (7)：1-4.

[4] 中华人民共和国国家标准. 地铁设计规范 GB 50157—2013 [S]. 北京：中国建筑工业出版社，2013.

[5] 李科，胡学兵，郭军. 新建车行横通道对既有隧道结构的影响研究 [J]. 公路隧道, 2014，88 (4)：1-5.

[6] 李玉峰，彭立敏，雷明锋. 交叉隧道工程设计施工技术研究进展 [J]. 铁道科学与工程学报，2014，11 (1)：67-73.

[7] 李文秋. 苏州地铁一号线金鸡湖隧道联络横通道冻结效应研究 [D]. 西南交通大学，2016.

[8] 高广运，李绍毅，涂美吉，等. 地铁循环荷载作用下交叉隧道沉降分析 [J]. 岩土力学，2015 (S1)：486-490.

[9] 闫国栋. 地铁施工横通道转区间正线处下穿既有建筑沉降控制研究 [J]. 石家庄铁道大学学报（自然科学版），2013，43 (3)：112-118.

[10] Haiqing Song, Haibing Cai, Zhishu Yao, et al. Finite element analysis on 3D freezing temperature field in metro cross passage construction [J]. Procedia Engineering, 165：528-539.

[11] Zili Li, Kenichi Soga, Peter Wright. Three-dimensional finite element analysis of the behaviour of cross passage between cast-iron tunnels [J]. Canadian Geotechnical Journal, 2016, 53 (4)：249-273.

[12] Mashimo H, Ishimura T. Evaluation of the load on shield tunnel lining in gravel [J]. Tunnelling & Underground Space Technology Incorporating Trenchless Technology Research, 2003, 18 (2-3)：233-241.

[13] 张常光，张庆贺，张振光. 盾构穿过矿山法隧道的管片特性现场试验研究 [J]. 上海交通大学学报，2013，47 (9)：1454-1458.

[14] 王丽慧，吴喜平，宋洁，等. 地铁区间隧道速度场温度场特性研究 [C]. 中国制冷学会学术年会，2009.

[15] 江浩，李荣建，闫蕊，等. 隧道模型试验中几何比尺相似程度的差异性及影响比较 [J]. 岩土力学，2015 (S1)：270-276.

[16] Kamata H, Mashimo H. Centrifuge model test of tunnel face reinforcement by bolting [J]. Tunnelling and Underground Space Technology, 2003, 18 (2)：205-212.

[17] 金大龙，袁大军，韦家昕，等. 小净距隧道群下穿既有运营隧道离心模型试验研究

[J]. 岩土工程学报，2017，40 (8).

[18] Nomoto T，Imamura S，Hagiwara T，et al. Shield tunnel construction in centrifuge [J]. Journal of Geotechnical and Geoenvironmental Engineering，1999，125 (4)：289-300.

[19] 仝学让，吴波，高波，等. 城市地铁隧道施工对管线影响的试验与数值分析 [J]. 地质与勘探，39 (z2)：131-136.

[20] 黄德中，马险峰，王俊淞，等. 软土地区盾构上穿越既有隧道的离心模拟研究 [J]. 岩土工程学报，2012，34 (3)：520-527 .

[21] 张晓清，张孟喜，吴应明，等. 多线叠交盾构隧道近接施工模型试验 [J]. 上海交通大学学报，2015，49 (7)：1040-1045.

[22] S. M. Fatemi Aghda，K. Ganjalipour，M. Esmaeil Zadeh. Comparison of squeezing prediction methods：a case study on nowsoud tunnel [J]. Geotechnical & Geological Engineering，2016，34 (5)：1487-1512.

[23] Wei X J，Hong J，Wei G. Impact of double-o-tube shield tunnel construction on grillage beams foundation frame building [J]. Applied Mechanics and Materials，2011，71-78：32-36.

[24] 施建勇，张静，佘才高，等. 隧道施工引起土体变形的半解析分析 [J]. 河海大学学报 (自然科学版)，2002，030 (006)：48-51.

[25] 唐金良. 地铁交叉隧道地震响应特性研究 [D]. 西南交通大学，2014.

[26] 王天佐，王常明，黄晓虎，等. 基于 CRD 法的地铁大断面横通道变形规律研究 [C]. 全国工程地质学术年会，2015.

[27] 张志强，何本国，何川. 长大隧道横通道受力分析 [J]. 铁道学报，2010，130-134.

[28] Alhaddad M，Murro V D，Acikgoz S，et al. Photogrammetric and conventional deformation monitoring of an existing tunnel while a new cross-passage tunnel is excavated through its concrete lining for AWAKE project at CERN [C]. Chsm，2016.

[29] 郭春霞，王开运，李锋宁. 振动荷载对交叉隧道结构影响的动力数值分析 [J]. 公路，2016 (4)：265-270.

[30] Chuang S，Zeng-Hua L，Chen W. Coupled seepage-stress in the connection aisle of cross-river tunnel under high water pressure [J]. Journal of Yangtze River Scientific Research Institute，2011.

[31] 夏梦然，李卫，冯啸，等. 极浅埋富水砂层地铁横通道注浆加固与开挖稳定性 [J]. 山东大学学报 (工学版)，2017，47 (2)：47-54.

[32] Jasmine Lim，Dinesh S/O Muthu Kumarasamy，Massimo Marotta. Latest development in horizontal grouting for cross passages in thomson-east coast line C1-C2 [C]. HulmePrize 2018，2017.

[33] Brantberger M，Stille H，Eriksson M. Controlling grout spreading in tunnel grouting - Analyses and developments of the GIN-method [J]. Tunnelling and Under-

ground Space Technology，2000，15（4）：343-352.

［34］ Aggelis D G，Shiotani T，Kasai K. Evaluation of grouting in tunnel lining using impact-echo［J］. Tunnelling and Underground Space Technology，2008，23（6）：629-637.

［35］ Huang Z，Hu X，Wang J，et al. Key techniques in cross passage construction of Shanghai Yangtze River Tunnel by artificial ground freezing method［C］. The Sixth International Symposium on Geotechnical Aspects of Underground Construction in Soft Ground（IS-Shanghai 2008），2008.

［36］ Yao Z S，Cai H B，Cheng H. The model test study on frost heaving and melting sedimentation of subway tunnel construction with manual level freezing method［J］. Advanced Materials Research，2011，3476-3483.

［37］ 晏启祥，房旭. 地铁联络横通道水平冻结施工的热固耦合分析［J］. 中国铁道科学，2012（1）：56-61.

［38］ Xiangdong Hu，Fei Zhao. Artificial ground freezing in cross passage construction in the Shanghai Yangtze River Tunnel［C］. Eighth International Symposium On Permafrost Engineering（EISOPE 2009），2009.

［39］ 曲海锋，刘志刚，朱合华. 隧道信息化施工中综合超前地质预报技术［J］. 岩石力学与工程学报，2006，25（6）：1246-1246.

［40］ 宋贵杰. 浅埋软岩段隧道进洞施工变形特征与失稳分析［J］. 山东大学学报（工学版），8，228（2）：57-64，75.

［41］ 张桂生，刘新荣，胡元鑫，等. 隧道信息化施工监测的项目化管理实践与思考［J］. 地下空间与工程学报，2009，5（1）：175-181.

［42］ 宋平原. 基于层次可拓模型的隧道洞口段风险评估［J］. 公路，2019，64（5）：292-296.

［43］ 仇玉良，王梦恕，丁洲祥，等. 基于有限差分技术的隧道信息化集成设计系统［J］. 北京交通大学学报，2011，35（4）：7-1.

［44］ 王天佐，王常明，姚爱军，等. 基于时间序列的地铁横通道拱顶沉降预测［J］. 现代隧道技术，2016，53（3）：74-81.

［45］ 王彬. 横通道开挖对老隧道受力影响的监测分析及控爆措施［J］. 公路交通技术，2012（2）：119-122.

［46］ 徐林海. 城市中心区地铁隧道开挖对地面沉降的影响分析［D］. 合肥工业大学，2016.

［47］ Han L，GuanlinY E，Yuan-Hai L I，et al. In-situ monitoring of frost heave pressure during cross passage construction using ground freezing method［J］. Canadian Geotechnical Journal，2016，53（3）：530-539.

［48］ Ding L Y，Zhou C，Deng Q X，et al. Real-time safety early warning system for cross passage construction in Yangtze Riverbed Metro Tunnel based on the internet of things［J］. Automation in Construction，2013，36（Complete）：25-37.

［49］ Nakano M，Torigoe T，Kawano M. Structure monitor system by using optical fiber sensor and watching camera in utility tunnel in urban area [J]. Proceedings of Spie the International Society for Optical Engineering, 2011, 226-234.

[50] Zhi-Qiang F, Hong-Hao MA, Zhao-Wu S, et al. Study on influence of blasting parameters on features of energy distribution for blasting seismic signals [J]. Blasting, 2012.

[51] Seinov N P, Chevkin A I. Effect of fissure on the fragmentation of a medium by blasting [J]. Soviet Mining Science, 1968, 4 (3): 254-259.

[52] Fourncy W L. Mechanisms of rock fragmentation by blasting [J]. Excavation Support & Monitoring. 1993. 15 (3): 254-259.

[53] Nakano K I, Okada S, Furukawa K, et al. Vibration and cracking of tunnel lining due to adjacent blasting. [J]. Doboku Gakkai Ronbunshu, 1993 (462): 53-62.

[54] Sayers C M, Kachanov M. Microcrack-induced elastic wave anisotropy of brittle rocks [J]. Journal of Geophysical Research: Solid Earth, 1995, 100 (B3).

[55] Fortsakis P, Nikas K, Marinos V, et al. Anisotropic behavior of stratified rock masses in tunneling [J]. Engineering Geology, 2012, s (4), 142: 72-83.

[56] Saiang D, Nordlund E. Numerical analyses of the influence of blast-induced damaged rock around shallow tunnels in brittle rock [J]. Rock Mechanics & Rock Engineering, 2009, 42 (3): 421-448.

[57] Hisatake, Masayasu, Sakurai, Shunsuke, Ito, Tomio. Effects of adjacent blast operation on vibration behavior of existing tunnel [J]. Proceedings of the Japan Society of Civil Engineers, 332, Apr, 1983: 67-74.

[58] 周俊汝, 卢文波, 张乐, 等. 爆破地震波传播过程的振动频率衰减规律研究 [J]. 岩石力学与工程学报, 2014, 33 (11): 2171-2178.

[59] 郑明新, 夏一鸣, 胡国平, 等. 爆破振动对既有高铁隧道衬砌安全的影响分析 [J]. 地下空间与工程学报, 2018 (3).

[60] 贾磊, 解咏平, 李慎奎. 爆破振动对邻近隧道衬砌安全的数值模拟分析 [J]. 振动与冲击, 2015, 34 (11): 173-177.

[61] 马洲, 张新华, 李长山. 爆破振动矢量速度峰值的回归分析与应用 [J]. 现代矿业, 2015 (2): 212-214.

[62] 马春德, 董陇军, 周亚楠, 等. 爆破振动特征参量预测的非线性模型及应用 [J]. 矿冶工程, 2014, 34 (6): 1-4.

[63] 王淼, 安志晓, 傅鸣春, 等. 爆破震动下地下工程围岩稳定与支护设计 [J]. 地下空间与工程学报, 2015, 11 (2): 530-535.

[64] 秦晓星, 廖涛, 蒲传金, 等. 桩井爆破振动影响因素灰关联分析与减震措施研究 [J]. 有色金属（矿山部分）, 2018 (4).

[65] 杨招伟, 卢文波, 高启栋, 等. 基于地表实测爆破振动的岩体动力学参数快速反演方法 [J]. 岩土工程学报, 2019, 41 (4).

[66] 陈思远, 周传波, 蒋楠, 等. 露天转地下采深影响下爆破振动速度传播规律 [J].

爆破，2016，33（3）：23-30.

[67] 康立鹏．高速列车荷载作用下交叉隧道动力响应特性及影响分区研究 [D]．中南大学，2013.

[68] Takemiya H．Simulation of track-ground vibrations due to a high-speed train：the case of X-2000 at Ledsgard [J]．Journal of Sound and Vibration，2003，261（3）：503-526.

[69] Thiede R，Natke H G. The influence of thickness variation of subway walls on the vibration emission generated by subway traffic [A]．Soil Dynamics and Earthquake Engineering V：international conference soil dynamics and Earthquake Engineering [C]．Southampton，U. K，1991，672-680.

[70] Gupta S，Fiala P，Hussein M F M，et al．A numerical model for ground-borne vibrations and reradiated noise in buildings from underground railways [J]．International Conference on Noise and Vibration Engineering（ISMA2006），2006，115-121.

[71] Gupta S，Liu W F，Degrande G，et al．Prediction of vibrations induced by underground railway traffic in Beijing [J]．Journal of Sound and Vibration，2008，310（3）：608-630.

[72] Auersch L．The excitation of ground vibration by rail traffic：theory of vehicle – track – soil interaction and measurements on high-speed lines [J]．Journal of Sound and Vibration，2005，284（1-2）：103-132.

[73] Lopes，Patrícia，Costa P A，Ferraz M，et al．Numerical modeling of vibrations induced by railway traffic in tunnels：From the source to the nearby buildings [J]．Soil Dynamics and Earthquake Engineering，2014，61-62：269-285.

[74] Hussein M F M，François S，Schevenels M，et al．The fictitious force method for efficient calculation of vibration from a tunnel embedded in a multi-layered half-space [J]．Journal of Sound & Vibration，2014，333（25）：6996-7018.

[75] K. Müller，Grundmann H. Lenz S．Nonlinear interaction between a moving vehicle and a plate elastically mounted on a tunnel [J]．Journal of Sound and Vibration，2008，310（3）：558-586.

[76] Yang W，Hussein M F M，Marshall A M，et al．Centrifuge and numerical modelling of ground-borne vibration from surface sources [J]．Soil Dynamics and Earthquake Engineering，2013，44：78-89.

[77] 刘蕾，马涛，刘雪玲，等．地铁列车荷载作用下地裂缝附近土压力响应特征模型试验研究 [J]．中国地质灾害与防治学报，2017，28（4）：119-124.

[78] 高广运，聂春晓，曾龙，等．基于蠕变本构的列车荷载下地基长期沉降计算 [J]．岩土工程学报，2015，37（zk2）：1-5.

[79] 王渭明，李强，张为社，等．列车荷载下近距交叠隧道加固方案优化选择 [J]．中国科技论文，2015（13）：1511-1515.

[80] 姜领发，熊署丹，陈善雄，等．列车荷载作用下高铁路基速度传递规律模型试验研

究 [J]. 岩土力学，2015 (S1)：265-269.

[81] 宁茂权. 列车荷载作用下深厚饱和软土盾构隧道沉降分析 [J]. 铁道标准设计，2015 (10)：94-98.

[82] 黄希，晏启祥，陈诚，等. 列车振动荷载作用下交叉盾构隧道动力响应与损伤分析 [J]. 铁道建筑，2016 (8)：60-64.

[83] 陈行，晏启祥，包芮，等. 列车振动荷载作用下近距离空间交叠盾构隧道的动力响应特性及损伤规律分析 [J]. 铁道建筑，2017 (12).

[84] 葛世平，姚湘静，叶斌，等. 列车振动荷载作用下隧道周边软黏土长期沉降分析 [J]. 岩石力学与工程学报，2016，35 (11)：2359-2368.

[85] 吴志坚，陈拓，马巍. 重复列车荷载作用下多年冻土路基长期变形分析 [J]. 上海交通大学学报，2015，49 (7)：929-934.

[86] Mroueh H，Shahrour I. A full 3-D finite element analysis of tunneling - adjacent structures interaction [J]. Computers and Geotechnics，2003，30 (3)：245-253.

[87] Kamata H，Mashimo H. Centrifuge model test of tunnel face reinforcement by bolting [J]. Tunnelling and Underground Space Technology，2003，18 (2)：205-212.

[88] Shin J H，Choi Y K，Kwon O Y，et al. Model testing for pipe-reinforced tunnel heading in a granular soil [J]. Tunnelling & Underground Space Technology Incorporating Trenchless Technology Research，2008，23 (3)：241-250.

[89] Scarpelli，Giuseppe，Schweiger，et al. Comparisons of Eurocodes design approaches for numerical analysis of shallow tunnels [J]. Tunnelling and underground space technology，2017.

[90] Lee，Chung-Jung，Wu，et al. Tunnel stability and arching effects during tunneling in soft clayey soil [J]. Tunnelling and Underground Space Technology，2006，21 (2)：119-132.

[91] José Luis Rangel，Ursula Iturrarán - Viveros，AyalaA G，et al. Tunnel stability analysis during construction using a neuro - fuzzy system [J]. International Journal for Numerical & Analytical Methods in Geomechanics，2005，29 (15).

[92] 王焱，安志晓，傅鸣春，等. 爆破震动下地下工程围岩稳定与支护设计 [J]. 地下空间与工程学报，2015，11 (2)：530-535.

[93] 邓祥辉，赵志清，王睿，等. 不同倾角和层厚的层状围岩隧道稳定性数值分析 [J]. 西安工业大学学报，2018，38 (3).

[94] 郭瑞，何川. 盾构隧道管片衬砌结构稳定性研究 [J]. 中国公路学报，2015，28 (6).

[95] 程小虎. 黏性地层中深埋直墙拱形隧道的支护压力及稳定性 [J]. 岩土工程学报，2016，39 (11).

[96] 汪波，杨意，何川，等. 破碎千枚岩隧道施工期位移安全控制基准研究 [J]. 岩石力学与工程学报，2016，35 (11)：2287-2297.

[97] 阳军生，张箭，杨峰，等. 浅埋隧道掌子面稳定性二维自适应上限有限元分析 [J].

岩土力学，2015，36（1）：257-264.

[98] 王道远，王庆磊，袁金秀，等. 软弱围岩隧道预衬砌法实施效果模型试验研究 [J]. 岩石力学与工程学报，2019（S1）.

[99] 胡元芳. 小线间距城市双线隧道围岩稳定性分析 [J]. 岩石力学与工程学报，2002（9）：52-55.

[100] 陈湘生. 地层冻结法 [M]. 北京：人民交通出版社，2013.

[101] 吴昊天. 矩形隧道零距离下穿运营地铁车站结构变形规律与控制方法研究 [D]. 2017.

[102] 韩煊，李宁. 隧道开挖不均匀收敛引起地层位移的预测模型 [J]. 岩土工程学报，2007，29（3）：347-352.

[103] 张家生，刘宝琛. 随机介质理论基本参数的反分析确定 [J]. 湖南科技大学学报（自然科学版），2004，019（001）：5-8.

[104] 龙驭球，包世华. 结构力学教程 II [M]. 北京：高等教育出版社，2002.

[105] 何新亮. 基于强度折减法的隧道围岩自稳能力研究 [D]. 湖南大学，2013.

[106] 周德红，李文，冯豪，等. 基于 FLAC 3D 大冶铁矿矿柱回采过程的应力分析 [J]. 武汉工程大学学报，2016，38（3）：277-282.

[107] 孙冬梅，彭海波，张亦飞，等. 基于 TOUGH2 和 FLAC 3D 的水-气二相流-固耦合模型 [J]. 地下空间与工程学报，2015，11（5）：1207-1215.

[108] 张前进，武科，崔帅帅，等. 新建隧道下穿既有地铁爆破施工数值模拟 [J]. 交通科学与工程，2018，34（3）：41-48.

[109] 徐宁. 列车振动荷载作用下隧道衬砌结构动力响应与损伤特性研究 [D]. 石家庄铁道大学 .2016.